キャリアを支える
教職入門

ワークで探るこれからの教師と学校

小川 翔大 久野 弘幸

ナカニシヤ出版

「講義用図表データ」提供のご案内

本書を教科書としてご採用いただいた方に、本書の図表を収載した講義用データを提供しております。ご希望の際は、manual@nakanishiya.co.jp まで、本書の書名(『キャリアを支える教職入門』)・ご氏名・ご所属・ご使用講義名を明記のうえ、メールにてご連絡くださいませ。

はじめに

　教職課程コアカリキュラムの必修科目「教職の意義及び教員の役割・職務内容（チーム学校運営への対応を含む。）」は、教職に関する基礎的で幅広い学びを通して、教職への意欲を高め、教職適性を判断しながら進路選択ができる資質・能力を培うことを目的としている。教職課程を有する大学などにおいて、この科目は教職をめざす学生の入門科目として扱われることが多い。

　本書は「教職の意義及び教員の役割・職務内容（チーム学校運営への対応を含む。）」に対応した教科書として作成された（図 0-1 を参照）。本書の主な読者ターゲットは大学などで教職科目を初めて履修する教職志望学生（初学者）であり、教職の学びに向かう態度形成とキャリア教育に重点を置いている。本書の構成は、「第Ⅰ部 教職の仕事を知る」、「第Ⅱ部 教師の資質・能力を知る」、「第Ⅲ部 公教育の動向を知る」、「第Ⅳ部 教職への意欲と理解を深める」であり、その主な特色は以下のとおりである。

[1] 教職の魅力を吟味するための解説

　第Ⅰ部から第Ⅲ部では、教職の基礎的な事柄や学校教育の最新動向について、教育関連の法令や資料、研究知見やデータにもとづき、教職のメリットとデメリットの両面を提示しながら客観的に解説している。近年、教職や学校教育を取り巻くネガティブなニュース報道は後を絶たない。例えば、教職の多忙化や長時間労働などのニュース報道は、教職志望学生の不安や教職に対する偏見を助長し、教職への進路選択を躊躇させる一因となり得る。そのため、本書の解説では、読者が多角的な情報をもとに教職の魅力について考え、自分自身の教職適性や進路について吟味できるようになることを意図している。

[2] 学びの意欲を引き出す工夫

　読者の学ぶ意欲を効果的に促すために、各章冒頭では「本章を学ぶおもしろさ」を解説している。このおもしろさには、執筆者が章内容に込めた学びの"ねらい"が反映されている。各章を通して、読者に知ってほしいことや感じてほしいことを、平易な言葉を用いて初学者向けにわかりやすく示している。

また、読者が理解しやすいように、各章の解説では図表や史料などの豊富なビジュアル情報を含めており、重要語句の強調もしている。

[3] 授業で使える豊富なアイディア

第Ⅳ部では、教職科目の授業者の視点から、主体的・対話的で深い学びに導くための授業実践のアイディアと、章内容に対応した授業で使えるワークを紹介している。教職への興味・関心を高めて能動的な学び（アクティブラーニング）へと効果的に導くためには、主体的・対話的で深い学びの実現が不可欠である。その一助として、本書を活用する教職科目の授業者には、ワークで示した豊富なアイディアを参考にして授業設計をしてほしい。そして、教職科目を履修する教職志望学生には、自分自身が受講する授業の工夫や学び方について理解を深め、「何のために学ぶのか」、「どのように学べばよいのか」などの見通しをもって教師になるための学修に取り組んでほしい。

教師への風当たりが厳しい昨今の実情を考えると、このような状況下でも教職に関心をもって本書を手に取ってくれた読者や、教職課程を履修する学生がいることは大変うれしく思う。教職課程の初学びを担う本書が、教師になるための学びや進路の羅針盤となることを心より願っている。

最後に、執筆者の先生方には、章の解説だけでなく、ワークの作成でも多大なご尽力を賜りました。また、ナカニシヤ出版の山本あかね様と後藤南様には、本書の企画から刊行まで、きめ細やかなご支援を賜りました。編者を代表して、心より感謝申し上げます。

2025年1月　小川翔大

「教師」「教員」などの表記について

一般的に、教育を担う人については、「教師」、「教員」、「先生」など、さまざまな語句が用いられている。本書では、子どもたちの人格形成や成長を支える教育者という広義な意味を込めて、「教師」の語句を基本的に用いている。ただし、公教育を担う学校に勤める教師のニュアンスを強調して解説する場合は「教員」の語句を、また、法律などで規定されていて詳細な区別を要する場合はそれに準じた語句（「教諭」、「講師」など）を用いている。

はじめに iii

全体目標	現代社会における教職の重要性の高まりを背景に、教職の意義、教員の役割・資質能力・職務内容等について身に付け、進路選択に資する教員の在り方を理解する。さらに適性を判断し、教職への意欲を高め、										
一般目標	(1) 教職の意義 我が国における今日の学校教育やその担い手である教員の存在意義を理解する。			(2) 教員の役割 教育の動向を踏まえ、今日の教員に求められる役割や資質能力を理解する。		(3) 教員の職務内容 教員の職務内容の全体像や教員に課せられる服務上・身分上の義務を理解する。			(4) チーム学校運営への対応 学校の担う役割が拡大・多様化する中で、学校内外の専門家等と連携・分担して対応する必要性について理解する。
到達目標	(1) 公教育のその目的としての担い手である教員の存在意義を理解している。	(2) 進路選択に向け、他の職業との比較を通して、教職の職業的特徴を理解している。		(1) 教職観の変遷を踏まえ、今日の教員に求められる役割を理解している。	(2) 今日の教員に求められる基礎的な資質能力を理解している。	(1) 幼児、児童及び生徒への指導及び指導以外の校務を含めた教員の職務の全体像を理解している。	(2) 教員研修の意義及び制度上の位置付け並びに専門職として職務を遂行するために職務を生涯にわたって学び続けることの必要性を理解している。	(3) 教員に課せられる服務上・身分上の義務を含めた職務を適切に遂行するため及び身分保障等に諸課題に対応することの重要性を理解している。	1) 校内の教員や多様な専門性を持つ人材と効果的に連携・分担し、チームとして組織的に諸課題に対応することの重要性を理解している。	
第Ⅰ部 教職の仕事を知る											
1章 教師になるには	○	○		○	○					
2章 教師の義務と勤務条件	○	○		○	○	○		○		
3章 学校組織と教師		○							○	
第Ⅱ部 教師の資質・能力を知る											
4章 学び続ける教師				○	○		○			
5章 教師としての自己と生活	○			○	○	○	○			
6章 教師のメンタルヘルス										
第Ⅲ部 公教育の動向を知る											
7章 日本の学校教育をみつめる歴史的視座	○			○	○					
8章 現代社会と学校教育 (1)：未来を拓く教育	○			○	○					
9章 現代社会と学校教育 (2)：子どもの多様化・複雑化				○	○				○	
第Ⅳ部 教職への意欲と理解を深める											
10章「教職入門」の学び方・教え方—学びを深める授業とワーク	どの目標でも紐づけが可能									

図 0-1 教職課程コアカリキュラム「教職の意義及び教員の役割・職務内容（チーム学校運営への対応を含む）」との対応

もくじ

はじめに　*i*

第Ⅰ部　教職の仕事を知る　　1

第1章　教師になるには　3
- 1.1　教育の目的　4
- 1.2　教員の仕事　5
- 1.3　教員免許状と教職課程　7
- 1.4　教員採用試験　12
- 1.5　教員の信念と実践　15

第2章　教師の義務と勤務条件　19
- 2.1　教育法規の基本　20
- 2.2　教育公務員としての教員　21
- 2.3　教員の給与と待遇　24
- 2.4　教員勤務の現状と待遇改善の状況　27
- 2.5　教員のコンプライアンス　31

第3章　学校組織と教師　35
- 3.1　学校組織と運営を考える　36
- 3.2　学校のなかの組織としくみ　39
- 3.3　地域と学校の関係　43

第Ⅱ部　教師の資質・能力を知る　　49

第4章　学び続ける教師　51
- 4.1　教師の力量　52
- 4.2　教師の研究と修養　57

第5章 教師としての自己と生活　63
- 5.1 教師としての自己と教師像——「教師アイデンティティ」とは？　64
- 5.2 初任者としての教師　65
- 5.3 教師の生活とキャリア　67
- 5.4 自分らしく成長する教師——「強み」　71

第6章 教師のメンタルヘルス　75
- 6.1 教師のメンタルヘルスを取り巻く状況　76
- 6.2 職業性ストレスモデルによるストレスの理解　78
- 6.3 メンタルヘルスの予防　83
- 6.4 セルフケア　84
- 6.5 学校組織の対応　88

第Ⅲ部 公教育の動向を知る　91

第7章 日本の学校教育をみつめる歴史的視座　93
- 7.1 はじめに——なぜ「歴史を学ぶ」のか　94
- 7.2 江戸時代の教育　95
- 7.3 文明開化と学制公布　98
- 7.4 学校教育の普及と就学率の向上　101
- 7.5 おわりに——改めて「歴史を学ぶ」こと　104

第8章 現代社会と学校教育（1）——未来を拓く教育　107
- 8.1 現代社会の動向　108
- 8.2 生きる力の育成　108
- 8.3 ICTと教育　115

第9章 現代社会と学校教育（2）——子どもの多様化・複雑化　121
- 9.1 子どもを取り巻く環境の変化　122
- 9.2 子どもの多様化と課題　127
- 9.3 多様性を尊重する教育　134

第Ⅳ部 教職への意欲と理解を深める　139

第10章 「教職入門」の学び方・教え方——学びを深める授業とワーク……141
10.1 教職志望者の学びのしくみ……………………………………………142
10.2 教職入門の授業設計とワーク…………………………………………149
ワーク1　教師として大切にしたい姿 →1章……………………………154
ワーク2　私の「成長曲線」を描こう →2章……………………………156
ワーク3　地域や学校の「働き方改革」への取り組みを探そう →2章……158
ワーク4　学校と保護者・地域との連携 →3章…………………………160
ワーク5　リフレクション（ALACTモデル）① →4章…………………162
ワーク6　リフレクション（ALACTモデル）② →4章…………………166
ワーク7　自分の「性格的な強み」を見つけて活用しよう →5章………169
ワーク8　ブレイン・ストーミングによる問題解決 →6章……………172
ワーク9　認知再構成法 →6章……………………………………………175
ワーク10　「教育実践の遺産」に学ぶ →7章……………………………178
ワーク11　学校教育で育てたい資質・能力 →8章………………………180
ワーク12　「考える」に焦点化した授業づくり →8章…………………182
ワーク13　多様性の理解 →9章……………………………………………185
ワーク14　教育課題の質問づくり →1-10章……………………………187
ワーク15　教師をめざす学生のためのプレゼンテーション授業 →1-10章…190
ワーク16　教職入門を受講する人たちへの手紙 →1-10章……………193

おわりに——教師への学びを始めたみなさんへ　195
索　引　198
付録　教育関連法規リンク集　202
執筆者紹介　204

ワークシートのダウンロードはこちらから
➡ https://www.nakanishiya.co.jp/book/b10131876.html

第Ⅰ部 教職の仕事を知る

第1章

教師になるには

➡ ワーク1　教師として大切にしたい姿（p.154）

本章を学ぶおもしろさ

　教職を学び始める読者には、教師志望の人、教師になるか悩んでいる人もいれば、教師の免許だけとりたい人もいるだろう。どんな動機の人であれ、最初に「もし自分が教壇に立ったときに大切にしたい教師の姿」を想像してほしい。子どもの思いに寄り添う教師、明るく笑顔を忘れない教師など、漠然としたイメージでも構わない。この思い描いたイメージこそが、今、皆さんがもつ教育観の基礎である。

　本章では、学校に勤務して子ども（幼児、児童、生徒）の教育を担う「教員」に焦点を当て、教員に必要な適性や進路選択に役立つトピックを概観する。教員の魅力や大変さを知ることで、自分の教育観や進路選択がどう変わっていくのかを、楽しみながら感じてほしい。

1.1 教育の目的

[1] 教育とは何か

　教育とは、知識、技能、規範などの学習を促す意図的な働きかけによって、ある人間を望ましい方向へと変化させることである。身近な教育の例を挙げると、学校教育（授業、生徒指導、進路指導など）や家庭教育（基本的な生活習慣、家庭での学習、習い事の利用など）がある。これらの教育を担う教師や養育者は、子どもの健やかな成長や大人になって充実した人生を送れることを意図して、さまざまな教育的働きかけをしているはずである。また、大人になっても教育を受ける機会はたくさんある。例えば、企業等の従業員個人や組織全体の成長を意図した社内教育（研修）、社会人の職業上のスキルアップや学び直しを意図としたリカレント教育などがある。上記の例のどれをみても、教育には意図や目的があることが窺えるだろう。教師をめざす読者には、教育で目的とする子どもの成長や姿をイメージしつつ、皆さん自身がめざす教師像や教育理念が何であるかを、これから学習を進めながら考えてもらいたい。

[2] 教育について定める法律

　教育基本法†は、日本国憲法†の精神に則って教育に関する基本原則を定めた法律である（1947年制定、2006年改訂）。教育基本法†で定められた教育の目的と目標の概略を**図 1-1** に示す。法律上、教育の目的は「人格の完成」と「平和で民主的な国家及び社会の形成者として必要な資質を備えた心身ともに健康な国民の育成」とある。つまり、教育では、国や社会を担う国民の育成を通じて、最終的には国民一人ひとりの人格の完成をめざしている。この教育の目的はすぐに達成できるものではなく、生涯にわたる教育の営みを通して達成をめざしていく。そして、この教育の目的を実現するステップとして、**図 1-1** にある 5 つの目標が定められている。

　また、教育基本法†で定める教育の原則に則って、学校制度の基本事項を定めた法律が**学校教育法**†である。この法律で規定する学校とは、幼稚園、小学校、中学校、義務教育学校、高等学校、中等教育学校、特別支援学校、大学及び高等専門学校である。そのなかでも、小学校（6年）と中学校（3年）に相当す

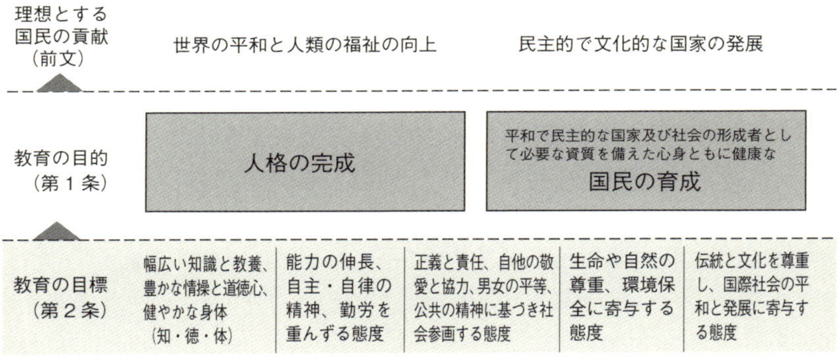

理想とする国民の貢献（前文）	世界の平和と人類の福祉の向上	民主的で文化的な国家の発展
教育の目的（第1条）	人格の完成	平和で民主的な国家及び社会の形成者として必要な資質を備えた心身ともに健康な**国民の育成**
教育の目標（第2条）	幅広い知識と教養、豊かな情操と道徳心、健やかな身体（知・徳・体） / 能力の伸長、自主・自律の精神、勤労を重んずる態度	正義と責任、自他の敬愛と協力、男女の平等、公共の精神に基づき社会参画する態度 / 生命や自然の尊重、環境保全に寄与する態度 / 伝統と文化を尊重し、国際社会の平和と発展に寄与する態度

図1-1　教育基本法†で定められた教育の目的と目標の概略

る計9年間は義務教育と定められており、保護者は子どもに普通教育（一般的・基礎的な教育）を受けさせる義務を負っている。義務教育の目的は、日本国民の子どもに対して、教育基本法にある教育の目標（**図1-1**）に掲げられた基礎的な資質を養うことである。他の校種における教育の目的・目標の詳細については、巻末資料で確認してほしい。

学校教育は公的な法律・制度に則った**公教育**であるため、全国どこの学校でも一定の教育水準を保つことが求められる。そこで、文部科学省は各教科内容や年間指導計画等をまとめた**学習指導要領**を作成している（大学及び高等専門学校は除く）。また、公教育の性質や役割にかんがみて、国公立学校では教養の範疇を超えた特定の宗教的活動や政治的活動が禁止されている（**教育の中立性**）。ただし、私立学校では公教育の性質を有しつつも信教の自由が保障されており、特定の宗教教育をする学校もある。

1.2　教員の仕事

[1] 教員の職業的特徴

教員、医師、弁護士などは、いずれも国家資格を有する仕事であり、有資格者以外は携わることが禁止されている。これらの職業は国民の生命、健康、財産を守ることにつながる重要な業務を担うことから、職業従事者には国が定め

る一定水準以上の専門的知識・技術の習得が求められる。そのなかでも、子どもの公教育をつかさどる教員の仕事は他の職業と異なる特徴がある。

　例えば、教員の仕事は、授業や生徒指導、学校行事の準備、文書作成等の雑務、保護者や地域との連携など多岐にわたる（多様性）。また、教員は多岐にわたる業務を効率的に処理するだけでなく、子どもの喧嘩といった予期しない事態が生じた場合にも、仕事の優先順位を即時に判断して柔軟に対応することが求められる（複線性）。さらに、子どもやクラスの実態も多様かつ複雑であるため、確実に成功する単一の教育方法はない（不確実性）。そのため、授業準備などは何をどの程度やればよいかという明確な境界がなく、教員の判断と自律性に委ねられる（無境界性）。だからこそ、教員は、子どもとの信頼や相互理解を深め、同僚の教職員や保護者たちとも連携しながら、今できる最善の教育実践を探求し続けるのである。

　おそらく、教員の職業的特徴をみて、「おもしろそう」と感じた人もいれば、「大変そう」と感じた人もいるだろう。学校教員231名を対象にした調査では、教員の働きがいとして、

「児童や生徒の成長に関われる」（98.8％）
「将来社会を支える人材の育成」（97.0％）
「責任のある仕事を任されている実感」（88.7％）

がある一方で、教員のストレスとして、

「事務業務が多い」（94.8％）
「保護者の心配や要望への対処」（91.8％）
「ワークライフバランスの崩壊」（91.8％）

もあった（愛知教育大学, 2021）。つまり、教員の仕事は、子どもの教育に働きがいを感じられるが、多忙な業務でストレスも多いといえる。

　昨今、教員の多忙化を問題視したマスメディアは、教員の仕事が「ブラック労働（職場）」であると報道しており、教職をめざす学生の不安を助長する一因となっている。一方で、この問題に対処するために、学校では働き方改革が推進されており、業務の役割分担と適正化、組織運営体制の構築、教員の意識改革などを行っている。なお、教職に限らず、他職種でも残業やその職業特有

のストレスがある。そのため、教職に就くことに迷っている人は、興味のあるさまざまな職種の業務内容、労働時間、給与や待遇、離職率等の情報を比較分析しながら、自分がやりたい将来の仕事を吟味することが大切である。

[2] 求められる教員像

文部科学省に置かれた審議会の一つに、教育などに関する重要事項を審議して意見を述べる**中央教育審議会**がある。この審議会の答申において、優れた教員の条件は、

① 教職に対する強い情熱（使命感や誇り、教育的愛情、学び続ける向上心など）
② 教育の専門家としての確かな力量（授業力、指導力、子ども理解など）
③ 総合的な人間力（社会性や人間性、常識と教養、礼儀作法、コミュニケーション力など）

に大別されている（中央教育審議会, 2005）。つまり、教員は子どもの人格形成の担い手として、教育に関する専門的知識・技術だけでなく、子どものことを考えて努力し続けられる情熱をもち、人間としても子どものよい見本となることが求められる。上記の条件は、学校教育が始まってからいつの時代でも共通する基本的な教員像である。

1.3 教員免許状と教職課程

[1] 教員免許状

教員免許状の種類には、**普通免許状**、**特別免許状**、**臨時免許状**がある（**表1-1**）。令和3年度の教員免許状授与件数（文部科学省, 2023a）は、

普通免許状 186,854 件（94.9%）
特別免許状 334 件（0.2%）
臨時免許状 9,720 件（4.9%）

であった。現状では、教職課程を有する大学・短期大学で必要単位と学位を修

表 1-1　教員免許状の種類

種類	有効期間	有効範囲	取得方法
普通免許状 （幼稚園／小学校／中学校／高等学校／特別支援学校の教諭、養護教諭、栄養教諭の免許状） 　専修免許状（大学院修了相当） 　一種免許状（大学卒業相当） 　二種免許状（短期大学卒業相当）	―	全国の学校	① 教職課程の卒業／修了と単位修得 ② 教員資格認定試験 　免許状保有者が上位区分、隣接学校種、同校種他教科の免許状を取得する場合は、教員経験の評価に基づき、通常より少ない修得単位数で教員資格認定試験の受験資格が得られる。
特別免許状 （教諭の免許状）	―	授与を受けた都道府県内の学校	教育職員検定 （優れた知識・技術や社会経験を有する者のみ）
臨時免許状 （助教諭、養護助教諭の免許状）	3年	授与を受けた都道府県内の学校	教育職員検定 （普通免許状保有者を採用できない場合のみ）

注1．高等学校教諭の普通免許状は専修と一種のみ。
注2．教員資格認定試験は文部科学省、教育職員検定は各都道府県が開催する試験。

得し、各都道府県の教育委員会に授与申請をして普通免許状を取得する者が大半である。なお、令和3年度における臨時免許状の授与件数は都道府県でばらつきがあり、福岡県（782件）、鹿児島県（740件）、埼玉県（590件）は多く、東京都（5件）は少なかった。教員の産休・育休取得者や特別支援学級数の増加などにより必要な教員数（普通免許状取得者）を確保できない自治体では、臨時免許状を授与した助教諭任用が増加しつつある（王, 2022）。

　原則として、幼稚園、小学校、中学校、高等学校の教諭は、校種（さらに中学校、高等学校では教科）ごとの普通免許状が必要となる。また、特別支援学校教諭は、特別支援学校の教員免許状と特別支援学校の各部（幼稚部・小学部・中学部・高等部）に相当する校種の教員免許状の両方が必要となる。ただし、特別支援学校の教員免許状取得者は少ないため、特例措置として「当分の間」は幼稚園、小学校、中学校、高等学校の教員免許状だけでも、それらの校種に相当する特別支援学校の各部の教員になることができる（教育職員免許法[†]附則第15項）。なお、養護教諭や栄養教諭の普通免許状には校種の区別がない。

　さらに普通免許状には、**専修免許状**（大学院修了相当）、**一種免許状**（大学卒業相当）、**二種免許状**（短期大学卒業相当）の区分がある。一般的に、教員の資質・能力の高度化とその証明として、上位の普通免許状の取得が推奨される。特に、二種免許状の保有者には一種免許状の取得に係る努力義務が法律で

定められている（教育職員免許法†第9条2項）。なお、各自治体で実情は異なるが、普通免許状の区分による給与や仕事内容の違いはない。例えば、学校教員の給与額は、普通免許状の区分にかかわらず、最終学歴、年齢、役職などをもとに各自治体の給料表（級と号給）に照らして決まる。ただし、学校管理職（校長、副校長、教頭）への昇進には、専修免許状または一種免許状（高等学校と中等教育学校は専修免許状のみ）と教育に関する一定の職歴が原則必要となる（学校教育法施行規則第20条）。各都道府県で管理職選考試験の実情は異なるが、専修免許状の保有者は学校管理職への昇進率が高い傾向にある（宮﨑, 2017）。

[2] 教職課程

1）教職課程コアカリキュラム　2016年の教育職員免許法†改正により、教職課程の科目区分が見直された。それに伴い、2017年に**教職課程コアカリキュラム**が作成され、2019年4月から全国の大学で新たな教職課程がスタートした。教職課程コアカリキュラムでは、学校種や教科、職種（教諭、養護教諭、栄養教諭）を越えて必要とされる共通性の高い教職科目について、教職課程卒業までに習得すべき資質・能力が示されている。各大学では、教職課程コアカリキュラムをガイドラインとして、地域や学校現場のニーズをふまえながら大学独自の特色を反映させた教職課程を展開している。なお、教職課程コアカリキュラムの整備・検討は現在も進行中であり、例えば2021年に「情報通信技術を活用した教育の理論及び方法」の科目が新設され、2022年に「特別支援学校教諭免許状コアカリキュラム」が公開されている。

2）普通免許状取得に必要な科目　**表1-2**は、小学校教諭の普通免許状取得に必要な科目区分と単位数である。**表1-2**の科目区分は教育職員免許法施行規則†で定めるものであり、実際に大学が開講する授業科目の名称とは異なる。例えば、大学では、②にある「教職の意義及び教員の役割・職務内容（チーム学校運営への対応を含む）」の事項と対応する開講授業科目として「教職入門」、「教職概論」、「教職論」などの名称をつけている。そして、教員免許状の取得には教職科目（①から⑤）だけでなく、日本国憲法や体育などの一般教養科目（⑥）の単位修得も必要となる。

教育実践に関する科目（④）のうち**教育実習**は、学校現場で一定期間（2～

4週間程度)、学校の指導教員の下で教育実践をする。主な実習内容は、学校活動（授業、学級活動、部活動など）の観察・参加であり、実習の最終週には研究授業（査定授業）を行う。研究授業では学習指導案を作成して、その授業実践を学校教員などに参観してもらい指導・助言を受ける。教育実習は、大学で学んだ教育の諸理論と実践とのつながりや自分の教職適性について、実感を

表 1-2　小学校教諭の普通免許状における最低修得単位数

	科目	科目に含めることが必要な事項	専修	一種	二種
最低修得単位数	①教科及び教科の指導法に関する科目	教科に関する専門的事項 各教科の指導法（情報通信技術の活用を含む）	30	30	16
	②教育の基礎的理解に関する科目	教育の理念並びに教育に関する歴史及び思想 教職の意義及び教員の役割・職務内容（チーム学校運営への対応を含む） 教育に関する社会的、制度的又は経営的事項（学校と地域との連携及び学校安全への対応を含む） 幼児、児童及び生徒の心身の発達及び学習の過程 特別の支援を必要とする幼児、児童及び生徒に対する理解 教育課程の意義及び編成の方法（カリキュラム・マネジメントを含む）	10	10	6
	③道徳、総合的な学習の時間等の指導法及び生徒指導、教育相談等に関する科目	道徳の理論及び指導法 総合的な学習の時間の指導法 特別活動の指導法 教育の方法及び技術 情報通信技術を活用した教育の理論及び方法 生徒指導の理論及び方法 教育相談（カウンセリングに関する基礎的な知識を含む）の理論及び方法 進路指導及びキャリア教育の理論及び方法	10	10	6
	④教育実践に関する科目	教育実習	5	5	5
		教職実践演習	2	2	2
	⑤大学が独自に設定する科目		26	2	2
	⑥教育職員免許法施行規則第66条の6に定める科目	日本国憲法 (2) 体育 (2) 外国語コミュニケーション (2) 数理、データ活用及び人工知能に関する科目または情報機器の操作 (2)	8	8	8
⑦小学校及び中学校の教諭の普通免許状授与に係る教育職員免許法の特例等に関する法律		社会福祉施設や特別支援学校での介護等体験（7日間以上）	○	○	○

注）⑥は1科目につき2単位の修得が必要になる。

伴って理解する機会となる。

また、**教職実践演習**は教職の学びの集大成として位置づく科目であり、多くの大学が教職課程の最終セメスターに開講している。この科目履修にあたり、入学から卒業までの学修を記録した履修カルテの作成が学生に求められる。教職実践演習では、これまでの履修科目や活動で培った教員になるための資質・能力の統合や補完を目的として、グループ討論、事例検討、模擬授業、学校現場の見学・調査、教職カルテを活用した大学教員による指導などを行う。

さらに、小学校教諭と中学校教諭の普通免許状を取得する場合、障害者や高齢者などへの**介護等体験**（⑦）の受講も必要となる。介護等体験の目的は、社会福祉施設等の利用者や職員との交流や介護・介助体験を通じて、個人の尊厳と社会連帯、利用者のニーズや福祉的課題を理解し、多様な人間の存在と価値観の違いをふまえたコミュニケーションの重要性を学ぶことである（東京都社会福祉協議会, 2009）。そして、事前事後学習で介護等体験の目的・意義を確認した上で、体験で得た気づきやとまどいを内省しながら、教師としての教育観の獲得を促すことが期待される（池田, 2021）。なお、介護等体験は大学で単位化していない場合もある。また、教員免許状申請時には、体験施設で発行された修了証明書を提出することが求められる。

3）学校体験活動　教職課程を有する大学の多くは、教職志望の学生が学校で一定期間の就業体験をする**学校インターンシップ**や、学校の支援ニーズに応じた奉仕活動をする**学校支援ボランティア活動**への参加を学生に推奨している。どちらも主な活動内容は、授業補助や学習支援、学校行事への参加・補助、部活動指導補助などである。一部の大学では、大学が独自に設定する科目（⑤）などでこれらの活動を単位化している。学校現場での活動を通じて、学生は教員の仕事や自分の教職適性についてさまざまな発見や気づきが得られる。例えば、学校支援ボランティア活動への参加は、教師に求められる人柄や教育実践への理解、教師としての教育観の形成への効果が示されている（溝部他, 2014）。また、ボランティア活動を通して学生は子どもへの関わり方や理解について学ぶ。特に、授業補助をした学生は教師の授業や指導方法を観察して学んでいた（姫野, 2007）。

1.4 教員採用試験

[1] 公立学校

　公立学校の教員採用試験は、各自治体の教育委員会が実施している。正式名称は**教員採用候補者選考試験**（**検査**）である。公立学校の場合、教員の採用や昇任は教育委員会の教育長が任命権者となる（教育公務員特例法[†]第11条）。まず、教員採用試験の合格者は教員採用候補者名簿に記載される。そして、学校担当者と面談をしてから正式採用となり、学校に配置される。また、教員採用試験に合格しなかった場合でも、各自治体で講師登録をすれば、教員の欠員が生じた場合に常勤講師や非常勤講師として働けることもある。

　1）試験内容　教員採用試験の主な試験内容は、筆記試験、面接試験、実技試験、適性検査である（**表1-3**）。この試験内容や出題傾向は、自治体及び募集校種・教科によって異なる。例えば、一般教養や小論文を筆記試験に含めない自治体や、小学校教諭の採用試験で実技試験を課さない自治体もある。一般的に、採用試験は毎年5月から8月にかけて、一次選考（主に筆記試験）と二次選考（主に面接試験）に分けて実施される。受験は大学4年生から可能であるが、筆記試験のみ大学3年生から受験できる自治体もある。

　2）試験免除・加点・特別の選考　教員採用試験では、特別な技能や経歴を有していると、試験科目の一部免除や加点の対象になる場合がある。例えば、学校の講師経験者や教諭経験者は、多くの自治体で筆記試験の全部または一部が免除される。ほかにも、異なる校種の普通免許状、同一校種での複数教科の

表1-3　教員採用試験の主な試験内容

筆記試験	教職教養：教育原理、教育法規、教育心理、教育史、教育時事 一般教養：中学校から高等学校までに学習する各教科の内容、時事問題 専門教養：指導教科の内容（小学校全科、中学校・高校の各専門教科など） 小論文：教師論、教育論、生徒指導・学習指導、抽象題などを問う論述
実技試験	保健体育（水泳、器械運動、陸上）、技術（ものづくり、情報機器）、美術（デッサン）、家庭（裁縫、調理）、英語（スピーチ、英会話）、音楽（器楽、歌唱）、養護（応急手当）
面接試験	個人面接、集団面接、集団討論、模擬授業、場面指導
適性検査	内田クレペリン検査、ミネソタ多面人格目録、矢田部ギルフォード性格検査

注）各自治体や募集する校種・教科によって試験内容は異なる。

普通免許状、一定水準以上の英語力の資格（実用英語技能検定、TOEICなど）、国際貢献活動経験（青年海外協力隊員など）、スポーツ・芸術分野での顕著な実績を有している場合は、選考試験の加点対象にする自治体もある。また、採用試験の合格者が大学院進学・在学を理由に採用を辞退した場合、ほとんどの自治体が特例措置として、教員採用候補者名簿の登録期間延長や、次年度以降の採用試験科目の一部免除などを実施している。これらの実情は各自治体で異なるため、詳細は試験案内・実施要項で確認してほしい。

3）選考倍率　公立学校教員採用試験結果の推移を**図1-2**に示す。全体の傾向として、選考倍率は10年の間で5.7倍から3.4倍に低下している。この低倍率の主な原因は、教員の定年退職者数の増加に伴う採用者数の増加や、少子化に伴う教職志願者の減少である（津多, 2023）。加えて、特別な支援を要する子どもと特別支援学級の増加、小学校での35人学級の推進、産休・育休代替教員の増加なども原因として考えられる。

なお、選考倍率は校種などで大きく異なる（**図1-3**）。例えば、小学校と特別支援学校は、中学校や高等学校より選考倍率が低い。また、養護教諭と栄養教諭は高い選考倍率を維持しており、10年の間でほとんど変化していない。さらに、中学校と高等学校は各教科で選考倍率が大きく異なる。例えば、2023年度の選考倍率をみると、高等学校は国語が3.4倍、保健体育が9.8倍であった（文部科学省, 2023b）。

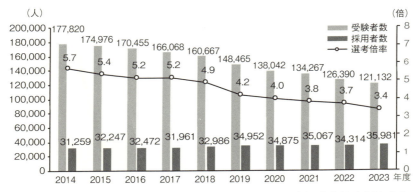

注）文部科学省「公立学校教員採用選考試験の実施状況」（平成26年度−令和5年度分）をもとに作成

図1-2　公立学校における教員採用試験の受験者数・採用者数・選考倍率の推移

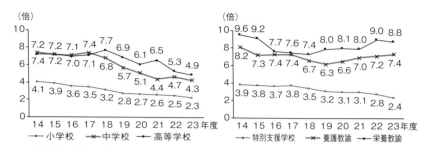

文部科学省「公立学校教員採用選考試験の実施状況」（平成26年度－令和5年度分）をもとに作成
図1-3　公立学校における教員採用試験の選考倍率の推移（校種・職種別）

　公立学校の場合は、一つの学校に4～6年ほど在籍した後、自治体の管轄地域内で学校の異動がある。また、各自治体にはそれぞれに推進する教育施策があり、地域固有の教育文化や課題もある。受験する自治体を決める際には、試験内容や選考倍率だけでなく、各自治体の学校教育の実情も十分に吟味してほしい。

[2] 私立学校

　私立学校は、各学校で教員採用を行っており、公募の時期もさまざまである。試験内容は、公立学校と同様、筆記試験、実技試験、面接試験などを実施することが多い。私立学校で就職希望の場合は、各学校の公式HPなどで採用情報を確認して応募することが基本となる。また、一部の都道府県私学協会では、協会に加入している私立学校の教職員採用情報を掲載しているほか、教職員応募者の**履歴書登録（教員登録制度）**や**私学教員適性検査**を実施している。私立学校は教員採用を行う際、これらの登録情報をもとに書類選考を行い、候補者に直接連絡をして面接試験等を実施していく。

　私立学校は独自の建学の精神にもとづいた教育実践をしているため、私立学校の教員採用に応募する際は学校の教育理念や求める教員像を確認してほしい。

[3] 国立大学附属学校

　国立大学附属学校は、日本の国立大学法人が設置・運営する国立学校である。

その役割・使命には、学校教育の実験的・先導的な研究開発への取り組み、大学や学部における教育研究への協力や教育実習の実施などがある。そのため、求められる教員像には、公教育を担う教員の資質・能力に加えて、教育研究や大学との連携に意欲や使命感をもつことなどが挙げられる。

国立大学附属学校への就職希望の場合は、各学校の公式 HP 等や全国国立大学附属学校連盟の教員募集情報などを確認して応募する。試験内容は、書類選考として課題レポートがあり、その後に面接試験や実技試験をする場合が多い。講師登録は各学校で実施している。

1.5　教員の信念と実践

教員はそれぞれに自分が信じて大切にする**信念**（beliefs）をもっている。信念は価値観（教育観、子ども観、授業観、指導観）と類似した概念であり、行動、判断、感情、目標設定などを導く機能がある。それゆえに、教員の信念は授業や指導などの教育実践とも密接に関係している。

図 1-4 は、教員を対象にした指導に関する信念（指導観）の調査結果の例である（ベネッセ教育総合研究所, 2023）。学校で働く教員間でも重視する教育の信念は異なり、年代差もある。例えば 2022 年になると、教員は訓練や学問的な指導よりも子どもの可能性に対する支援や楽しく学べる授業づくりを重視する傾向がみられた。信念の年代差の背景には、約 10 年ごとに行われる学習指導要領の改訂や、各年代の国や自治体の教育施策などが影響していると考えられる。

図 1-5 は、生態学的システム論の観点から教員の信念と実践をとらえたものである（Buehl & Beck, 2014）。Buehl & Beck（2014）によると、教員の信念と実践の関係は相互的かつ複雑であり、教員の信念が実践を導くだけでなく、実践経験を重ねる過程で教員の信念が変容することもある。なお、教員の信念と実践は常に一致するわけではない。例えば、新任教員が「子どもの可能性に対する支援や楽しく学べる授業づくりを重視する」という信念をもっているとする。しかし、知識や経験も浅い新任教員は、慣れない多忙な教員の業務に追われて授業準備が進まず、教室内の多様な児童生徒にも翻弄されて、思うよう

設問：各ペアについて、あなたがあえていえば重視していると思うほうを1つ選んでください。

(%)

児童・生徒の持っている可能性が開花するのを、支援すること	2010年	39.0	61.0	一人前の大人になるために必要なことを教え、訓練すること
	2016年	44.7	55.3	
	2022年	54.9	45.1	

学問的に重要なことがらよりも、児童・生徒が楽しく学べる授業にすること	2010年	49.1	50.9	授業の楽しさを多少犠牲にしても、学問的に重要なことがらを押さえること
	2016年	52.2	47.8	
	2022年	67.2	32.8	

不得意な教科や領域の学力をつけさせること	2010年	59.9	40.1	得意な教科や領域の学力を伸ばすこと
	2016年	61.4	38.6	
	2022年	51.3	48.7	

学校の責任で学校生活に限定して、その範囲で努力すること	2010年	43.4	56.6	家庭や校外での生活も、できるだけ指導すること
	2016年	44.5	55.5	
	2022年	64.8	35.2	

注）引用元では、小学校教員と高等学校教員の回答結果も掲載されている。

図 1-4　信念（指導観）に関する中学校教員の回答結果（ベネッセ教育総合研究所、2023 をもとに作成）

図 1-5　教員の信念と実践の関係（Buehl & Beck、2014 をもとに一部修正して作成）

な授業実践ができないかもしれない。そのとき、もし学校全体で教員業務の負担軽減・効率化を推進する取り組みや、授業づくりについて教員同士で協働して助け合える関係性があれば、新任教員は授業づくりに注力して、信念と一致した教育実践が可能になるかもしれない。

　まとめると、教員の信念と実践は、教員個人の内的要因だけでなく、学校や教員を取り巻くさまざまな環境レベルの外的要因（教室、学校、自治体、国）にも影響されている。教職課程を履修する読者には、まずは教職の学修を深める過程で教員の信念の土台を作りながら、自分がめざす教師像を具体化してほしい。そして、教員として将来働きたい自治体や学校を決める際は、自分がめざす教師像と学校環境（学校や自治体が求める教師像、教育活動の特色、教育施策など）との適合性を十分に吟味してほしい。

文　献

愛知教育大学（2021）．教職の魅力共創プロジェクト アンケート調査報告書（暫定版）教職の魅力共創：愛知教育大学未来共創プラン　Retrieved March 31, 2024 from https://cocreate.aichi-edu.ac.jp/rapture/questionnaire/

ベネッセ教育総合研究所（2023）．小中高校の学習指導に関する調査 2022　ベネッセ教育総合研究所　Retrieved from March 31, 2024.　https://berd.benesse.jp/shotouchutou/research/detail1.php?id=5812

Buehl, M. M., & Beck, J. S. (2014). The relationship between teachers' beliefs and teachers' practices. In H. Fives & M. G. Gill (Eds.), *International handbook of research on teachers' beliefs* (pp. 66-84). Routledge.

中央教育審議会（2005）．新しい時代の義務教育を創造する（答申）　文部科学省　Retrieved from March 31, 2024　https://www.mext.go.jp/b_menu/shingi/chukyo/chukyo0/toushin/1212703.htm

姫野完治（2007）．学校ボランティアの活動形態による教職志望学生の学習効果　教育方法学研究, *32*, 25-36.

池田幸也（2021）．小学校・中学校教員から見た介護等体験の意義と課題 II アンケート調査・インタビューを通して（茨城）　日本福祉教育・ボランティア学習学会研究紀要, *37*, 103-113.

溝部ちづ子・石井眞治・斉藤正信・財津伸子・道法亜梨沙・酒井研作・杉田郁代（2014）．教員志望大学生の学校支援ボランティア活動の教育効果に関する研究（2）　比治山大学紀要, *21*, 31-43.

文部科学省（2023a）．令和 3 年度教員免許状授与件数等調査結果について 文部科学省 Retrieved from March 31, 2024　https://www.mext.go.jp/a_menu/shotou/kyoin/1413991_00005.html

文部科学省（2023b）．令和 5 年度（令和 4 年度実施）公立学校教員採用選考試験の実施状況について　文部科学省　Retrieved from March 31, 2024　https://www.mext.go.jp/a_menu/shotou/senkou/1416039_00009.html

宮﨑悟（2017）．学校管理職に昇進した教員の属性　大杉昭英（編）公立学校教員の管理職昇進に関する研究――「学校教員統計調査」の二次分析による現状把握――（pp.59-74）　国立教育政策研究所 平成 28 年度プロジェクト研究報告書

東京都社会福祉協議会（2009）．社会福祉施設における介護等体験受け入れのポイント――より豊かな介護等体験を目指して――　Retrieved from March 31, 2024　https://www.tcsw.tvac.or.jp/activity/documents/ukeire-point.pdf

津多成輔（2023）．2002 年から 2020 年における教員採用試験競争率の推移の背景――都道府県別の採用者数および推定 22 歳人口の寄与の試行的分析――筑波大学教育学系論集, *47*(2), 1-13.

王婷（2022）助教論の任用増加の要因と教員需給――広島県の事例に基づいて――　北海道大学大学院教育学研究院紀要, *141*, 1-28.

第 2 章

教師の義務と勤務条件

➡ ワーク2　私の「成長曲線」を描こう（p.156）
➡ ワーク3　地域や学校の「働き方改革」への取り組みを探そう（p.158）

―― 本章を学ぶおもしろさ ――

　本章では、教員として働くことの基礎基本について学ぶ。教員として働くことの基礎基本には、教育に関する法体系や教員の職責、教育公務員として果たすべき役割と義務、そして教員の給与や休暇などの待遇や勤務時間の現状と課題などが含まれる。
　皆さんのなかには、教員はブラックだという言説を聞いたことがある人もいるだろう。確かに、長時間労働の是正や給与制度の適正化などの勤務環境の改善には、いっそうの努力が必要なことは確かだが、現在、教員の処遇については、段階的な改善が進められているのも事実である。本章で学んだうえで、学校に足を向けて、現場で働く先輩教員の皆さんと意見交換をしてはどうだろうか。

第1章では、教員を志望する皆さんが、大学等で教職課程の授業を履修し、教員免許状を取得すること、さらに教員採用試験を受けて教員になる資格を得るところまでを取り扱った。続く本章では、その後、実際に教員として任命され、教諭の職務に就くときや、教員の待遇、人事上の特色など、教員として勤務するときに理解しておくべきことについて取り上げる。

本題に入る前に、まず教育に関する法規の基本構造について整理しておこう。

2.1 教育法規の基本

日本国の統治の根本を定めているのは**日本国憲法**†である。日本国憲法†第26条には、「すべて国民は、法律の定めるところにより、その能力に応じて、ひとしく教育を受ける権利を有する」、「すべて国民は、法律の定めるところにより、その保護する子女に普通教育を受けさせる義務を負う。義務教育は、これを無償とする」と記されている。

日本国憲法にもとづき、教育の基本原則を定めた法律が全18条からなる**教育基本法**†である。教育基本法†には、教育の目的や目標などの基本理念（第1〜4条）、義務教育や学校教育などの教育にかかわる制度の基本（第5〜15条）、そして、教育にかかわる行政の原則（第16〜18条）が定められている。

教育基本法にもとづいて、さらに各種の教育関連法規が定められている。それらを内容のまとまりごとに整理すると「学校制度」「教育行政組織」「教育職員」「教育財政」「保健安全等」に分けられる（表2-1）。

法律には記されない細かな手続きなどは、それぞれの法律の下に位置づけられる「政令」や「省令」において定められる。政令は、内閣が制定するルールであり、「施行令」という。省令は、文部科学大臣など各省大臣が定めるルールであり、「施行規則」という。施行規則は、施行令の内容や手続きをさらに詳しく定めたものである。

本書の各章においては、各種の法律、施行令や施行規則が取り上げられている。あまりなじみのない法律もあるが、学校教育や教員の基本をなす制度を規定したものであり、時間をかけて理解を深めたい。

表 2-1 教育に関する主な法規

日本国憲法	教育基本法	学校制度	・学校教育法 ── 施行令 ── 施行規則 ・義務教育学校標準法（公立義務教育諸学校の学級編成及び教職員定数の標準に関する法律） 等
		教育行政組織	・文部科学省設置法 ・**地方教育行政法**（地方教育行政の組織及び運営に関する法律：地教行法） 等
		教育職員	・地方公務員法 ・**教育公務員特例法** ── 施行令 ・教育職員免許法 ・**人材確保法**（学校教育の水準の維持向上のための義務教育諸学校の教育職員の人材確保に関する特別措置法） ・**給特法**（公立の義務教育諸学校等の教育職員の給与等に関する特別措置法） ・地方公務員育児休業法 等
		教育財政	・市町村立学校職員給与負担法 ・義務教育費国庫負担法 ・義務教育諸学校の教科用図書の無償提供に関する法律 等
		保健安全等	・学校保健安全法 ── 施行令 ── 施行規則 ・学校給食法 等

2.2 教育公務員としての教員

[1] 公務員としての教員

「すべて公務員は、全体の奉仕者であって、一部の奉仕者ではない」とは、日本国憲法第15条2項に示された有名な条文である。ここでいう「公務員」とは、国家公務員と地方公務員である。公立学校教員も、地方公務員として地方公務員法に定められた公務に従事する者として守るべき義務がある。さらに、公立学校教員は、「教育を通じて国民全体に奉仕する教育公務員」（**教育公務員特例法**[†]第1条）として、一般公務員とは異なる特例的な位置を占めている。例えば、一般公務員の採用は、行政事務能力の有無を判断する「競争試験」によって行われるのに対し、教員の採用は、基礎的な学力のみならず、その人がもつ人間性や経験、公正さなどの人物評価や、他者との協調性や人的対応力などについて、一定の基準をふまえた総合的な「選考」によって行われる。

このほかにも、給与条件、兼職・兼業の従事、政治的行為の制限、各種の研修機会の供与などにおいても、一般公務員とは異なる取り扱いがなされている。

これらの内容は、教育公務員特例法†において定められている。

[2] 教員の職務上・身分上の義務

地方公務員は、公共の仕事に従事する者が守るべき義務（服務義務）を有している。地方公務員がもつ服務義務には、「**職務上の義務**」と「**身分上の義務**」がある。

1）職務上の義務　「職員が職務を遂行するに当って守るべき義務」のことであり、次の3つがある。

①服務宣誓の義務（公務員になるにあたって、宣誓書に署名し、服務の宣言をする義務）
②法令及び上司の職務上の命令に従う義務
③職務に専念する義務

2）身分上の義務　勤務時間の内外を問わず、また職務遂行の有無を問わず、「地方公務員としての身分を有する限り守るべき義務」である。公務員は、業務を離れた勤務時間外であっても身分上の義務を負っており、次の五つがある。

①信用失墜行為の禁止
②秘密を守る義務
③政治的行為の制限
④争議行為等の禁止
⑤営利企業への従事等の制限

「信用失墜行為」とは、「その職の信用を傷つけ、または職員の職全体の不名誉となるような行為」（地方公務員法†第33条）であり、具体的には、道路交通法や刑法、軽犯罪法などの法令に違反するような場合はもちろん、それ以外にも、信用失墜行為と判断された事例として、飲酒運転による交通事故、のぞきや盗撮、企業からのリベートの授受、ハラスメント行為、保護者からの度を越した借金を繰り返すことなど、さまざまな事例が挙げられる。信用失墜行為に該当すると判断された場合、懲戒処分の対象となり、行為の内容や程度に応じて、相当の処分を受けることになる。

[3] 教員の任命と服務監督

　一般の公務員でも民間企業でも、多くの場合4月1日の着任初日には、入社式や入庁式が行われ、その場で「辞令」が交付される。教員についても、新規採用の教員に対して辞令の交付が行われる。辞令とは、職員の採用はもちろん、その後の昇級や昇進、転勤など、人事に関する命令や発表などをする書面のことである。辞令の交付をもって、正式な教員として任用されたことになる。

　辞令は、「任命権者」により交付される。任命権者とは、職員の任命、人事評価、休職、免職及び懲戒等を行う権限を有する者である（地方公務員法†第6条）。公立学校教員の場合、任命権者は、「その学校を設置する地方公共団体の教育委員会」である（地方教育行政法†第34条）。地方の教育委員会には、都道府県の教育委員会と市町村の教育委員会とがある。公立学校教員を任命するのは、都道府県の教育委員会だろうか、それとも市町村の教育委員会だろうか。

　公立学校の教員を任命するのは、都道府県の教育委員会である（ただし、政令指定都市においては当該市の教育委員会）。ただし、小学校や中学校など義務教育の学校は、市町村の教育委員会によって設置されており、教員についても当該市町村の職員として、市町村の教育委員会の指導監督を受けながら教員として勤務する。以上のことから、公立学校教員の任命権は都道府県教育委員会に置かれるとともに、実際の教育活動に関しては、市町村教育委員会の**服務監督権**に従うことになる。

　このように教員の任命と服務が区分けされ、任命（採用・給与支給）については都道府県で、実際の教育活動については市町村で責任を負う制度になっている。その背景には、教員の給与に関する法律（市町村立学校職員給与負担法†）がある。市町村の教員の給与については、所属する市町村ではなく、都道府県から支払われている。これは、市町村には財政規模の大小があり、財政規模の小さな自治体と大きな自治体の間で、必要な教員の確保や給与の支給に不公平を生じさせないためである。これにより、市町村立学校の教職員の給与は、都道府県が費用負担をすることとされる。これを**県費負担教員制度**という。ちなみに、この不公平を全国的な規模で是正する観点から、教職員給与の三分の一を国が負担している（義務教育費国庫負担法†第2条）。

2.3　教員の給与と待遇

　大学生活が始まって、初めてアルバイトをしたという人も多いだろう。アルバイト先から初めて給与が振り込まれて、初めて労働の対価を受け取ったときには、働くことの実感をもったのではないだろうか。給与明細を見ると、勤務時間数やアルバイト代のほかに、交通費や夜間勤務手当など、本給以外のお金が振り込まれていることに気づいた人もあるだろう。
　では、教員の給与などはどのようになっているのだろうか。

[1] 教員の給与はどうなっているのか

　教員の給与は、大きく分けて、正規の勤務時間による勤務に対する報酬である「給料」（教職調整額を含む）と、それ以外に支給される諸々の「手当」から構成される（**表 2-2**）。

　1）給料　　教員の「給料」は、講師や教諭、校長などの職階に応じて示される「教育職給料表」にもとづいて、年齢や経験年数、教員免許の種類によって決められる。令和 6 年度の愛知県の場合、大学卒の初任給として、給与月額 219,300 円が示されている。

　給料表は、1 級（講師）、2 級（教諭）、特 2 級（主幹教諭）、3 級（教頭）、4 級（校長）などの「職務の級」と、1 号給から始まる「号級」によって示される。毎年 4 月になると、定められた号給が上がり、定期昇給として給料が増額される。

　2）教職調整額　　教員の勤務は、本務である授業を始め、児童・生徒が在校している間のみならず、授業を準備や教材研究、各種の校務分掌および職員会議等の会議・打ち合わせ等、多岐にわたる。夏季や冬季などには長期の "学校休業期間" もある。これらの理由により「教員の勤務態様の特殊性」が生じるため、民間企業や一般公務員の場合とは異なり、**時間外勤務**（いわゆる残業時間）を特定することが困難であるとされてきた。

　この教員の勤務の "特殊性" に対応して、1971 年に「公立の義務教育諸学校等の教育職員の給与等に関する特別措置法†」（以下、**給特法**）が制定された。給特法†によって、「教育職員については、時間外勤務手当及び休日勤務手当は、支給しない」（第 3 条第 2 項）が、その代替措置として給料の 4 % の**教職調整額**が、

超過勤務に対する報酬として一律支給されている（第3条第1項）。

3）その他の「手当」　教員は、給与に付加してさまざまな「手当」が支給される。例えば、通勤手当、住居手当、期末・勤勉手当（いわゆる賞与に相当）、扶養手当、地域手当などである。これらは、一般公務員や民間企業等も同様に支給される手当である。

このほかに、教員向けの特別手当として「義務教育等教員特別手当」が支給される。その内容は、自治体の条例で定められるため、地域によって異なる。

表 2-2　教員の給与（菱村, 2020 をもとに作成）

給与	給料	給料	職務の種類と内容に応じて給料表に定める額を支給
		教職調整額	給与月額の4％を支給。期末手当等にも反映
	手当	地域手当	支給対象地域（都市部、山間離島、寒冷地等）に勤務する教員に支給
		通勤手当	公共交通機関や乗用車等により通勤する教員に支給
		住居手当	借家等に居住し、家賃を支払っている教員に支給
		期末・勤勉手当	民間企業のボーナスに相当する手当
		扶養手当	配偶者や子など扶養親族のある教員に支給
		義務教育等教員特別手当	優れた人材を確保し、学校教育の水準の維持向上に資することを目的として支給
		その他	地域により単身赴任手当、宿直手当 等

[2] 教員の勤務時間

地方公務員である教員の**勤務時間**は、労働基準法†第32条により、1週間について40時間、1日につき8時間以下と定められている。一般の県費負担教職員の勤務時間については、地方教育行政法†第42条により、設置者の市町村ではなく、都道府県の条例で定められる。1日の勤務時間は8時間であるが、4時間につき15分の休憩時間（勤務時間に含まれる）と、1日につき45分の休憩時間（勤務時間に含まれない）があるため、1日の勤務時間は7時間45分、1週間では、38時間45分となっている。

1日の勤務時間に合わせると、教員の勤務開始・終了時間は、8時15分から16時45分となる（休憩時間45分を含む）。ところが、教員の勤務実態を調査してみると、実際には、学校での出勤時刻は、小学校では7時20分、中学校では7時23分、高校では7時41分であり、退勤時刻は、小学校では19時01

分、中学校では 19 時 33 分、高校では 18 時 59 分であった（ベネッセ教育総合研究所『小中高校の学習指導に関する調査 2022』：「授業がある平均的な 1 日」に関する出勤時刻（学校に着く時間）／退勤時刻に関する回答。**図 2-1** を参照）。このように法律で定める勤務時間と実態との間には、依然大きな隔たりが見られる。

　勤務時間の設定（割り振り）は、本来、教育委員会の権限ではあるが、各学校の実態に合わせる必要から、その権限が校長に委任されている。しかし、学校ごとに多少の時間のずれはあるものの、おおむね同様の勤務時間の配分となっており、学校によって大きな差はない。

　学校行事等の理由により、出勤時間が早まったり、退勤時間が遅くなったりすることがある。そのような場合には、校長は、1 週間の労働時間が所定の時間を越えない範囲で、時間の調整を行うことができる。このような労働時間を変更するしくみを、**変形労働時間制**という。1 週間の期間内に勤務時間の調整ができない場合には、1 か月を単位として調整することができる。さらに、給特法の改正により、令和 3 年からは 1 年を単位として調整できるようになり、長期休業期間中のいわゆる「休日のまとめ取り」が可能になった。

[3] 教員の休日、休業日、休暇

　教員の休日は、一般の公務員等と同様に、土曜日、日曜日、国民の祝日、年末年始休業である。学校行事等を休日に実施した場合、平日に振替休日を設定する。

　学校には、夏休みや冬休みなどの「**休業日**」がある。休業日は、学校を設置する教育委員会が定めるものであるが（学校教育法施行令第 29 条）、これは、児童生徒の休業日である。教員については、4 日ほどの休業日を除いて、通常の勤務日である。行事等を入れない週を設定するなどして、連続した休業日を取得できるようにしている地区も多い。

　教員の主な休暇には、「年次有給休暇」、「病気休暇」、「介護休暇」、「特別休暇」等がある。

1）年次有給休暇　　一般公務員と同様に、1 年間に 20 日であり、前年度に使用しなかった日数について、20 日を限度に繰り越すことができる。有給休暇は、「日単位」または「時間単位」で取得できる。

2）病気休暇　疾病や負傷の療養のために最大90日間取得することができ（120日以内に出勤の見込みがある場合には、120日まで延長できる）、給与の全額が支給される。それ以上の療養が必要な場合には病気休職となり、最長3年間取得することが可能である。ただし、休職期間中は給与が減額される。

3）介護休暇　配偶者や親族の要介護者の介護を行う際に、6か月以内の必要な期間取得することができる。介護休暇は、日単位または時間単位で取得できるが、給与は減額される。

4）特別休暇　さまざまな種類がある。代表的なものとしては、女性への出産休暇、育児休暇、生理休暇があり、男性へは出産支援休暇や育児参加休暇がある。このほかに、子どもの病気等の際に取得できる子供看護休暇や、短期間の介護休暇、ボランティア休暇などがあり、その多くは有給である。

育児休業については、地方公務員の場合、3歳になるまで取得できる（地方公務員の育児休業等に関する法律[†]）。給与の減額を伴うものの、子どもが1歳に達するまでは、共済組合より育児休業手当金が支給され、休業期間中の所得の一部が保障される。また、小学校就学前の子どもを養育する場合に取得できる育児部分休業については、勤務の始業と終業時間の両方またはどちらかに2時間以内で取得できる。2010年からは、男性の育児参加を促進するために、父母がともに育児休業を取得した場合に、育児休業期間の延長制度（パパママ育休プラス）が導入され、育児休業手当金の給付期間も延長された。

2.4　教員勤務の現状と待遇改善の状況

2010年代より教員の勤務実態の過酷さや教員不足の実態が繰り返し指摘され、「教員の働き方改革」として勤務時間の削減などの取り組みを始めてきた。2020年代に入り、教員の勤務状況はいっそう深刻さを増す状態となってきた。この間、教員の勤務の過酷さや労働に対する給与水準の低さは、「教職のブラック化」とか、給特法による4％の教職調整手当を指して「定額働かせ放題」などのシニカルな指摘を受けてさらに社会の注目を集めることとなった。それが教員志望学生の減少や教職への躊躇・離反を招き、さらなる教員不足を招くという悪循環に至った。

本項においては、優先的に解決すべき社会課題となってきた教員の勤務実態とその改善の取り組みについて、長時間勤務と給与是正の2点から整理する。

[1] 教員の長時間勤務

教員の長時間勤務に関する調査の一つに**図 2-1**のような調査がある（ベネッセ教育総合研究所, 2023）。

この調査は、全国の公立の小中学校及び国公私立の高等学校の教員（小学校2,884名、中学校2,413名、高校3,153名）を対象に、「授業がある平均的な一日」について、出勤時刻と退勤時刻を尋ねたものである。調査の結果は、いずれの学校種も2010年との比較で在校時間が増えている。ただし、直近の2016年と2022年を比較すると、いずれの学校種においても15分から20分程度短縮された。

もちろん、本来は7時間45分の勤務時間と45分の勤務時間外休憩時間（実際には、勤務を外れて休憩を取ることは難しい）を加えて8時間30分の在校時間となるはずであり、「平均的な一日」で3時間から3時間半ほどの残業時間が生じていることになる。

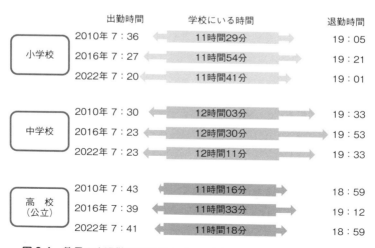

図 2-1　教員の出退勤時間調査（ベネッセ教育総合研究所, 2023をもとに作成）

ベネッセの調査結果は、2022年時点においても、十分な勤務時間縮減の実態が表れていないもどかしさを感じるが、個々の学校の取り組みを見ていくと、大規模調査では見えにくいさまざまな成果も見えてくる。

愛知県江南市の布袋小学校では、2019年から2021年にかけてコツコツと業務改善を行った結果、80時間以上あった残業時間が3年後にゼロになったことが報告されている（**表2-3**）（中日新聞, 2022）。同校では、3年間をかけて、25項目の負担軽減に取り組んだ。

2017年度には、80時間以上の残業を行った教員が42人いたが、2021年度には、80時間以上の残業はなくなり、45時間以上ものべ5人に減少した。布袋小学校の負担軽減策は、次の3つに整理される。

①校内の業務・会議の見直し（学級経営案の簡略化、通知表等の記入項目

表2-3　布袋小学校の負担軽減策の事例（中日新聞, 2022より）

年度	取り組み
2019	・遠足宿泊行事の時期などの見直し ・PTAとの夏休み中の校外補導廃止 ・勤務時間前のあいさつ運動を任意参加に ・週の指導計画の反省欄への記入を不要に ・電話対応の見直し ・夏休みの課題は児童が主体的に選択 ・年末年始などの校内見回り、えさやり ｝ ・行事の受付　　　　　　　　　　　　　｝ボランティア ・校外学習の引率補助　　　　　　　　　｝に依頼 ・校舎内外の清掃　　　　　　　　　　　｝
2020	・文書の項目を減らすなど、通知表を改訂 ・家庭訪問を、児童の家の確認に変更 ・夏休みの出校日を廃止 ・運動会や学習発表会の時期や内容の見直し ・学校運営の会議を授業時間内に ・全教員がまとめる現職教育研究集録をなくした ・学年通信のひな型化 ・写真や教材の購入は業者に委託
2021	・教育課外のクラブ活動をなくした ・繁忙期の4月と9月初めを全日5時間授業に ・成績処理のため学期末に5時間授業を設定 ・職員会議はペーパーレスの分散開催に ・学級経営案を簡略化 ・宿泊行事の集金は業者に委託
2022	・通学班指導はPTAと連携

の改訂、学年通信などのひな型化、職員会議のペーパーレス化、繁忙期の5時間授業を設定、電話対応の見直しなど）
②行事の見直し（遠足、運動会、学習発表会等の時期・内容の見直し、課外クラブ活動の廃止、夏休みの出校日の廃止など）
③PTAや地域、学校ボランティアの協力を得たもの（夏休みの校外補導廃止、通学指導の連携、行事受付業務や校外学習引率補助など）

これらの経験は、教育委員会を通じて、各学校に共有されている。

[2] 給特法の改正と「教職調整額」

中央教育審議会に置かれた「**質の高い教師の確保特別部会**」は、2024年4月19日に「審議のまとめ（素案）」を公表した。同部会は、2023年6月の部会発足以来、毎月の集中的な審議を行った。取りまとめた審議まとめ（素案）では、前述の残業代の代わりに支給されている「教職調整額」を4%から10%以上に引き上げることや、教科担任制の小学校3、4年生への拡大、若手教員をサポートする新たなポストを創設すること、全教員の時間外勤務を月45時間以内とする方針を示し、長時間労働が常態化している教員の給与を増やすとともに勤務時間を縮減する方向を示した（文部科学省, 2024）。

この審議まとめ（素案）について、一部の団体からは、給特法[†]の枠組みが維持されることから、抜本的な見直しとならず、実効性のある改革になっていないとの批判も上がっている。そこでは、給特法[†]を廃止し、勤務実態に応じた残業代を支給することで、教員の業務全体を削減することが望ましいとの考えが示されている。

そもそも、給特法[†]では、時間外勤務についてどのように記載され、その何が問題となっているのだろうか。給特法3条1項には、「教育職員には、給料月額の100分の4に相当する額を基準として、教職調整手当を支給しなければならない」と記され、給料の4%の教職調整手当を支給することが記されている。また、第3条2項には、「教育職員については、時間外勤務手当及び休日勤務手当は、支給しない」と記されている。

時間外勤務に関連する条項として、第6条がある。第6条には、「教育職員を正規の勤務時間を超えて勤務させる場合は、政令で定める基準に従い条例で定める場合に限る」とされ、時間外勤務を行う際には、「政令で定める基準」

という制限がかけられている。政令で定められた時間外勤務とは、

　①校外実習、その他生徒の実習に関する業務
　②修学旅行、その他学校の行事に関する業務
　③職員会議に関する業務
　④非常災害の場合、児童・生徒の指導に関し緊急の措置を必要とする場合、その他やむをえない必要がある場合

の4項目とされている。この4項目を「超勤4項目」という。
　このように本来は、教員に時間外勤務を命じることができるのは、「超勤4項目」に限られているが、校務として行われているその他の業務についても時間外に実施されている実態がある。令和に入り、教員のなり手不足が著しい状態が続いているが、この時間外勤務をさらに圧縮し、やむを得ず超過勤務をせざるを得ない場合には、実際に勤務した時間に相当する時間外手当を支給することが望ましい。

2.5　教員のコンプライアンス

　コンプライアンス（法令遵守）とは、その字義のとおりにただ単に法令を守ればよいというわけではない。教員に求められているコンプライアンスとは、教育公務員としての法令の遵守はもちろんのこと、社会的に広く共有されている倫理や規範に従い、公平・公正に教員としての業務を行うことを意味している。

[1] 体罰の禁止
　児童生徒への体罰については、学校教育法[†]11条に次のように記されている。「校長および教員は、教育上必要と認めるときは、文部科学大臣の定めるところにより、児童、生徒及び学生に**懲戒**を加えることができる。ただし、**体罰を加えることはできない**」（下線・太字は引用者）。
　いかなる場合においても加えることのできない「体罰」とは、

①殴る、蹴るなどの身体に対する侵害
②正座や直立姿勢など特定の姿勢を長時間保持させるなどの肉体的苦痛を与えること
③用便の禁止
④長時間食事を与えないこと

などである。他方、「懲戒」に含まれる行為とは、

①授業後などに教室に残留させること
②授業中に教室内で起立させること
③学習課題や清掃等の活動を課すこと
④当番や係を割り当てること
⑤立ち歩きの多い児童生徒を叱って席につかせること

などである。肉体的苦痛を与えるものでない範囲で行われるものは、体罰には相当しない。ただし、いずれの場合にも、教育上必要な範囲に限定される。また、懲戒を目的とする場合であっても、児童生徒を教室から退去させ、授業を受けさせないまま放置することは、義務教育においては認められていない。

[2] 個人情報の管理

　学校においては、児童生徒に関する多くの個人情報が収集され蓄積されている。これらの個人情報を適切に管理し、外部への遺漏を防ぐことは、教員にとって極めて重要な役割である。特に、現代においては、SNSをはじめ多くの情報が電子的に保存・蓄積されており、その取り扱いには細心の注意が必要である。学校における教育活動を積極的に公開することは、一面では、その教育活動についての理解を得たり教育活動を充実させたりする貴重な手段であるが、情報の取り扱いについての理解を欠いたままでは、個人情報の流出や紛失などの事態を招きかねない。
　個人情報については、個人名や画像などはもちろんのこと、名札や持ち物に名前が記されていることなどにも配慮が必要である。場合によっては、通学経路の写真なども個人特定の手がかりとなりうる。

[3] ハラスメントの防止

　近年、学校という区切られた空間において生じる嫌がらせやいじめなど、相手に苦痛を与える心理的身体的行為を「**スクールハラスメント**」と呼ぶことがある。学校におけるハラスメントには、教員と児童生徒間のハラスメント行為のほかにも、教員間のハラスメント行為がある。主なハラスメントとしては、セクシュアルハラスメント（セクハラ）とパワーハラスメント（パワハラ）が挙げられるが、このほかにも、教員間のマタニティ／パタニティハラスメントや保護者からの理不尽な要求や攻撃的な言動などのハラスメントも見受けられる。

　ハラスメントを防止するために、セクハラやパワハラの基本事項について具体的な事例や処分内容等を通して共通理解を深める研修や、児童生徒等から相談を受けた場合の対応について教員間で共通理解をもつこと、児童生徒や保護者、他の教職員からの苦情や相談に対応するための相談窓口を明確化するなどの対応がとられている。

　教師にとってハラスメントは、加害者にも被害者にもなる可能性があるものである。一時的な感情で児童生徒あるいは同僚を傷つける言動を起こさないことや、自分の周辺でそのような状況を見聞きした際には記録を残したり窓口となる同僚に相談したりすることなどが大切である。

　その上で、最も効果的なハラスメント防止の取り組みは、生活や学びの場であり、職場でもある学校を、互いに敬意をもって安心して過ごせる心理的安全性をもった空間に育てていくことであろう。

文　献

ベネッセ教育総合研究所（2023）．「小中高校の学習指導に関する調査 2022」ダイジェスト版（https://berd.benesse.jp/）
中日新聞（2022）．＜先生が足りない＞残業 80 時間の教員ゼロに　3 年かけこつこつ改革（2022 年 6 月 10 日）　https://www.chunichi.co.jp/article/487142（7 月 6 日更新）
菱村幸彦（2020）．教育法規の要点がよくわかる（新訂第 2 版）　教育開発研究所
文部科学省（2024）．第 12 回「質の高い教師の確保特別部会」資料「『令和の日本型学校教育』を担う質の高い教師の確保のための環境整備に関する総合的な方策について（審議のまとめ）（素案）」（2024 年 4 月 19 日）

第3章

学校組織と教師

➡ ワーク4　学校と保護者・地域との連携（p.160）

本章を学ぶおもしろさ

　本章では、よりよい学校組織のあり方、組織的な取り組みや、地域との関係について考える。よりよい学校組織では、学校内外でどのような人びとが、いかなる役割を担っているのか。本章を学ぶと、教師の仕事を広い視野でとらえる力が身につくはずである。そして、これまで自分が、子どもとして学校組織の一員だったことを思い出し、直接的にも間接的にも多くの人びとに支えられてきたことを感じてほしい。本章を学ぶおもしろさは、現在の学校組織のしくみを理解するとともに、自分自身のこれまでの学校での思い出を、学校組織のなかでのできごととしてとらえなおすことにある。さらに、それがさまざまな人びとに支えられていたことをあらためて感じられることにある。

3.1 学校組織と運営を考える

　現在の日本には、自然豊かな学校、都会的な学校、児童生徒数の少ない／多い学校、外国にルーツをもつ子どもが多い学校、スポーツ／語学／科学教育に力を入れている学校、あるいは成績表のない学校、校則のない学校など、国公私立を問わず、すべての学校が、それぞれ固有の環境のなかで、さまざまな目標を立てて教育実践を組織的に行っている。学校運営とは、学校の維持や発展を図りながら教育目標を達成させるための営みといえよう。固有であり多様である学校教育の実践を支えるための学校運営は、どのように行われるのか。以下では、**カリキュラム・マネジメント**を中心に考えていく。

[1] カリキュラム・マネジメント

1）カリキュラム・マネジメントはなぜ重要なのか？　　現在の教師は、日々の学習指導のみならず、授業準備、児童・生徒の指導、事務作業、保護者の対応など、さまざまな役割が求められている。また、デジタル化への対応、多忙化の解消など、日々変化し複雑化する学校教育現場における課題への対応は尽きない。こうした学校生活を取り巻く課題の解決には、個々の教師の努力のみならず、学校の組織的な取り組みが重要である。そこで求められるのが、カリキュラム・マネジメントである。

2）カリキュラム・マネジメントとは何か？　　カリキュラム・マネジメントについて、まずは以下に示す文部科学省の定義を確認する。

> 　各学校においては，児童や学校，地域の実態を適切に把握し，教育の目的や目標の実現に必要な教育の内容等を教科等横断的な視点で組み立てていくこと，教育課程の実施状況を評価してその改善を図っていくこと，教育課程の実施に必要な人的又は物的な体制を確保するとともにその改善を図っていくことなどを通して，教育課程にもとづき組織的かつ計画的に各学校の教育活動の質の向上を図っていくこと（以下「カリキュラム・マネジメント」という）に努めるものとする。（文部科学省, 2017a[*1]）

[*1]　文部科学省（2017b, p.20）にも同様の記載がある。

なお、**教育課程**という語句は、もともと英語の**カリキュラム**（curriculum）の訳として用いられたが、現在は行政用語として「学校教育の目的や目標を達成するために、教育の内容を児童の心身の発達に応じ、授業時数との関連において総合的に組織した各学校の教育計画である」とされる（文部科学省, 2017c, p.11）。また、学習指導要領（文部科学省, 2017a）では、「よりよい学校教育がよりよい社会を創る」ことから「社会に開かれた教育課程」の実現をめざしている。

　つまり、カリキュラム・マネジメントとは、「『社会に開かれた教育課程』の理念の実現に向けて、学校教育に関わるさまざまな取組を、教育課程を中心に据えながら、組織的かつ計画的に実施し、教育活動の質の向上につなげていくこと」（文部科学省, 2023a, p.7）といえる。なお、カリキュラムという語句は、教育計画に加えて、教育実践や学習経験を含む幅広い概念として使用される。以上より、カリキュラム・マネジメントは学校運営の基本であると理解できる。

　特に、カリキュラム・マネジメントの最初の段階として、各学級や各教科のカリキュラムをリードする学校のカリキュラム・グランドデザインが必要である（野澤, 2023）。野澤（2023）によれば、グランドデザインは、学校の文化や価値観を表明し、将来性を見据えた全体設計図である。換言すれば、学校のビジョンを具体化したものといえる。

　また、カリキュラム・マネジメントには、次の側面がある（文部科学省, 2023a）。

①教師どうしの連携および複数の教科等の連携を図り授業をつくること
②学校教育の効果を常に検証して改善すること
③地域と連携してよりよい学校教育をめざすこと

　①は、教育目標の達成に向けて、各教科でどのように連携をして目標達成すべきか（教科横断的な学習目標）の検討などを含み、③の地域との連携には、地域の人びとの学校教育活動への参画や学校運営にかかわる協議への参加などが含まれる。また、②について、**PDCAサイクル**により「学校教育目標の達成につながるかどうか、常に確かめながら教育活動を行う」（文部科学省, 2023a）ことが提案される。

[2] カリキュラム・マネジメントのための PDCA サイクル

　PDCA サイクルとは、組織経営の基本的なプロセスであり、「P：Plan」（計画）→「D：Do」（実施）→「C：Check」（評価）→「A：Action」（改善）をサイクルとして運用することをいう。図 3-1 に PDCA サイクルを含むカリキュラム・マネジメントのイメージを示した。

　図 3-1 に示したとおり、学校運営の PDCA サイクルと、単元や授業ごとの PDCA サイクルがある。まず、具体的な学校全体の重点目標を明確にするとともに、前年度からの改善方策を反映させる。そして、カリキュラムのグランドデザイン、行事や PTA 活動などを含む学校の年間計画、単元構想や学習指導案などを作成して（P）、授業や特別活動等の教育活動を実施し（D）、実践を通して目標の達成状況を点検・評価（C）を行う。その際、各学校の目標に照らした教職員による自己評価、さらに外部評価として、保護者や地域住民による学校関係者評価や学校運営の知見を有する第三者評価を活用する。そして、それぞれの評価をもとに教育活動の改善を考える（A）。このプロセスの循環が学校組織における PDCA サイクルである。

　ここで最も重要なのは、学校教育目標を深く理解し、正しくとらえることである。短絡的に学力の向上や子ども・保護者の要望（満足感）などのみを評価

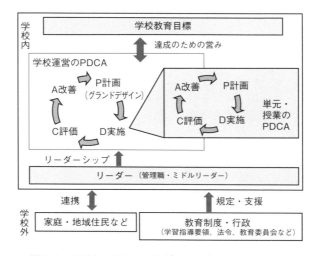

図 3-1　カリキュラム・マネジメントと PDCA サイクル

指標として学校改善の基準にすると、PDCAサイクルの循環がよりよい学校運営につながらない。よりよい学校運営には、学校教育目標の評価を多角的で広い視野、長い目で見てPDCAサイクルを循環させることが重要である。

そして、最初に学校教育目標を設定するときや、グランドデザインの作成、および、PDCAサイクルを循環させるときにも、子どもや保護者、地域の環境における人的・物的資源やニーズを、観察・面接・アンケート等で十分とらえておくことが、よりよい学校運営・組織づくりにとって重要である。

3.2 学校のなかの組織としくみ

本節では、図3-2に示した、学校のなかの組織をみていく。まず、管理職の3つの職階である校長・副校長・教頭の職務を概観する。次にミドルリーダーに相当する主幹教諭と指導教諭について、位置づけと役割を見る。最後に、学校運営に必要な教職員の業務の分担である校務分掌について確認する。

[1] 管理職

現在、日本の学校における管理職には、**校長**、**副校長**、**教頭**がいる。それぞれの職務の特徴について見ていく。

1) **校長**　校長の職務は、学校教育法第37条4項において、「校務をつかさどり、所属職員を監督する」と定められている。まず**校務**とは、教務、保健、生徒指導、進路指導、研究・研修などさまざまな学校の仕事全体のことをいう。

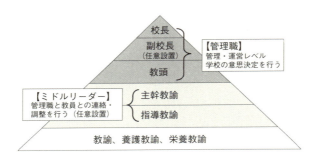

図3-2　学校組織（教員）のピラミッド

校長は一切の校務の権限と責任をもつ。所属職員とは、当該学校に所属するすべての教職員を指し、校長は所属教職員への指導・助言、指示・命令、調停を行い、必要に応じて相談にも乗る。校長の職務は学校組織の統括的な役割を担うものであり、授業を受けもつなどの教育実践は含まれていない。

2）副校長　副校長は、2007年の学校教育法[†]改正で新たに設けられた。副校長の設置は任意であり、各学校の判断に任されている。図3-3に示したとおり、現在のところ校長、教頭の設置状況に比べて、副校長の設置は一般的とはいえない。

副校長の職務について、学校教育法[†]37条5項によれば、「校長を助け、命を受けて校務をつかさどる」とされている。つまり、主たる職務は校長の補佐であり、校長の命を受けて校務をつかさどることができる。他方、校長と同様に、児童生徒の教育をつかさどることは職務に含まれていない。

3）教頭　教頭は原則必置の職であり、学校教育法[†]第37条7項によれば、「教頭は、校長（副校長を置く小学校にあっては、校長及び副校長）を助け、校務を整理し、及び必要に応じ児童の教育をつかさどる」ことが職務であるとされる。つまり、教頭は、校長の補佐と校務の整理、学校によっては授業を行い、児童生徒の教育をつかさどる存在でもある[*2]。

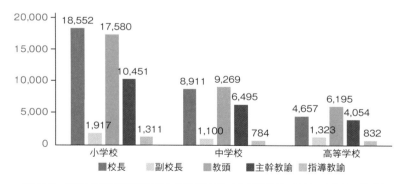

図3-3　2022年度の学校種ごとの職別人数（文部科学省, 2023bをもとに作成）

---

*2　筆者が調査研究でかかわっているカンボジアの小中学校には「Vice-Director」がいる。筆者は、かつてこの職を学校のNO.2の職として「教頭」と訳出していたが、校務を整理したり必要に応じて教育をつかさどる職務ではなかった。カンボジアの「Vice-Director」は、校長（Director）の補佐を主たる職務とすることから「副校長」が適切な訳となり、教頭は存在しない。国によって学校組織のしくみはさまざまである。

[2] ミドルリーダー

　ミドルリーダーが設置される以前は、最終的な決定権がある管理職が上にいて、その他の教員がその下に横並びに位置づけられるいわゆる「なべぶた」組織といわれていた。「なべぶた」組織では、個々の教員の校務の分担がわかりにくく、その場で気がついたものが対応するなど、責任があいまいになっていることが問題視されていた（中央教育審議会, 2004）。そこで、2007年の学校教育法改定によって定められた新しい職が、**「主幹教諭」**と**「指導教諭」**である。主幹教諭の職務は、校長、副校長及び教頭を助け、命を受けて校務の一部を整理し、児童の教育をつかさどる」（学校教育法†37条9項など）である。

　主幹教諭は、学校経営にも携わるとともに、管理職よりも児童と近い距離にいて、教育面でも他の教員をリードすることが期待される。指導教諭の職務は、「児童の教育をつかさどり、並びに教諭その他の職員に対して、教育指導の改善及び充実のために必要な指導及び助言を行う」（学校教育法†37条10項など）である。指導教諭は教育のスペシャリストとしてのミドルリーダーで、他の教員の授業改善や生徒指導への助言などが期待される。

　こうした、いわゆる校長や教頭といった管理職と、その他の教員の間に位置づけられるミドルリーダーとしての新しい職の設置は、より効率的な運営のための「ピラミッド型（重層構造）」（**図**3-2）の組織づくりといえる。

[3] 校務分掌

1）校務分掌とは何か？　　校務の具体的な範囲として、以下の4点が挙げられている（文部科学省, 2006）。

①教育課程にもとづく学習指導などの教育活動に関すること
②学校の施設設備、教材教具に関すること
③文書作成処理や人事管理事務や会計事務などの学校の内部事務に関すること
④教育委員会などの行政機関やPTA、社会教育団体など各種団体との連絡調整などの渉外に関すること

　学校運営のために、教職員が校務を分担することを**校務分掌**という。学校教育法施行規則†43条では、「調和のとれた学校運営が行われるためにふさわし

い校務分掌の仕組みを整える」とある。ここでいう調和とは、秩序や規則と自由の調和、また人間関係の調和が考えられる。図 3-4 に校務分掌体制（中学校）の例を示した。

2）職員会議　職員会議は、2000 年改正の学校教育法施行規則[†]第 48 条にあるとおり、校長の職務の円滑な執行に資することを目的に置くことができるもので、校長が主宰する。つまり、職員会議は校長の補助機関である。職員会議の位置づけは、校長が職員会議の開催の決定権を有し、議題や決定事項を実行するか否かも校長に委ねられている。これは、校長をトップとするピラミッド型の学校組織において、効率的な意思決定のしくみであるといえる。

しかしながら、全教職員が意見を言いやすいこと、納得感や相互の理解を十分に得ながら議論を進めることも、学校組織全体の意思決定に重要である。職員会議によって、長期的な視野で、意義のある結論に導くことが校長に求められるリーダーシップであるといえよう。

3）主任・主事　各校務分掌が十分に機能するためには、図 3-4 のように、それぞれの職務内容にふさわしい指導的な立場の教員（主任・主事）が必要である。学校教育法施行規則[†]による主な主任および主事を表 3-1 に示した。

このうち、小学校において、教務主任、学年主任、保健主事が必置とされ、中学校では加えて、生徒指導主事、進路指導主事も原則必置とされる。また、主任と主事には、主任手当が支給されるが、管理職ではない。

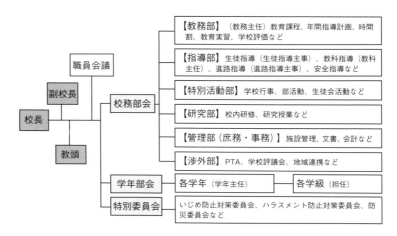

図 3-4　校務分掌構造の例（文部科学省, 2017d をもとに作成）

表 3-1 　主任・主事の役割

主任・主事名	役割
教務主任	教育計画やその他の教務に関する指導を行う
生徒指導主事	生徒指導に関する事項をつかさどり、指導、助言にあたる
進路指導主事	生徒の進学、職業選択を含む進路の指導をつかさどる
学年主任	当該学年の教育活動をつかさどり、指導、助言にあたる
保健主事	児童生徒の保健管理にあたる
研修主事	研修に関する事項の連絡調整及び指導、助言にあたる
事務主任・事務長	校長の監督を受け、事務をつかさどる

　主任の制度化について歴史的にみると、教育の自由や教師を統制する管理体制の強化への危惧が広がり、一部の教職員団体から相当な批判と反対が起こった経緯がある（文部科学省, 1992）。ここまで学校組織のしくみを見てきたが、校長に決定権が集中していることや、ピラミッド型の構造になってきたことをふまえても、上意下達の管理体制が強化されたり、教員を統制するしくみになったりする危険性は常に孕んでいるといえよう。あくまでも、よりよい調和のとれた学校組織のための主任制度であること、そして何より、子どもたちの教育の充実につながることが重要である。

3.3　地域と学校の関係

[1] 地域と学校、コミュニティ・スクール

　学校と地域のよりよいあり方として、大きく二つの方向性がある。一つは、子どもたちが学校外に出て、地域での体験を通した学習を充実させることと、もう一つは、地域の人びとも学校の教育活動に参画するなかで自分自身の生涯学習を実現することである。そのためには、地域全体が学びの場であると同時に、学校も地域に開いていることが求められる。しかし、核家族化や都市化によって、子どもの生活と地域社会との関係性の希薄化は進んでいる。学校と地域社会との連携は、自然にできる関係というより、意図的に作る関係といえる。

　地域との連携のしくみとして 2004 年に導入され、2015 年から本格化した**コミュニティ・スクール（学校運営協議会制度）**がある（**図 3-5**）。学校運営協議会の委員は、保護者代表や地域の住民から選出され、市町村の教育委員会によって任命される。学校運営協議会には次の役割がある。

①校長の作る学校運営の基本方針を承認すること
②学校運営について、教育委員会や校長に意見を述べること
③教職員の任用に関して、都道府県の教育委員会に意見を述べること

　コミュニティ・スクールは、前節で述べたカリキュラム・マネジメントにおける、保護者・地域の人びとが学校運営の協議に参加できるしくみであり、また、PDCAサイクルにおける外部評価としても重要な役割を担う。
　また、学校運営に関して意見を述べることができる制度として、**学校評議員**がある。それぞれの違いを**表3-2**に示した。最も大きな違いは、学校運営協議会のほうが学校運営や教育活動への関与が大きく、その権限が強いことにある。

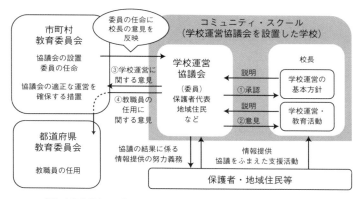

注）文部科学省HP「コミュニティ・スクール（学校運営協議会制度）」
https://www.mext.go.jp/a_menu/shotou/community/ をもとに作成

図3-5　コミュニティ・スクールのしくみ

表3-2　学校運営協議会と学校評議員の違い

	学校運営協議会（組織）	学校評議員（個人）
導入時期 （法規）	2004年9月 地方教育行政の組織及び運営に関する法律（地教行法第47条の5）	2000年4月 学校教育法施行規則第49条
任命	設置者が任命	校長が推薦し、学校の設置者が委嘱
役割	学校運営や教職員人事への関与（拘束力あり）	校長の求めに応じて意見を述べる（拘束力なし）
委員	地域内の保護者や住民、教育委員会が必要とみとめる者	地域内外の教育有識者

さらに、2015年に中央教育審議会より出された答申では、コミュニティ・スクールの推進に加え、地域全体で子どもの育ちを支え、地域を創生する理念にもとづく**地域学校協働活動**を実現するための、**地域学校協働本部**の整備が提言された。地域学校協働本部は、すでにある保護者や地域住民等と学校との関係を基盤としつつ、企業やNPOなどを含むより幅広い人びとや団体の参画をめざすものである。その特徴は、これまで地域と学校が支援する・されるといった一方向の関係であったものを、双方向的な関係に変えることにあり、互いが連携し協働し合う体制整備を推進する。そして、それまで地域の人びとによって個別に行われていた活動を、学校を核としつつも、より組織的に連携・協働できるようにするために、**地域学校協働活動推進員**の整備が進められている。

　こうした連携体制ができれば、子どもの成長を支えるとともに、災害に強い地域づくりや、まちづくりへの貢献も期待される。

[2]「チームとしての学校」

　学校外の専門的なスタッフを含む「チームとしての学校」（図3-6）も、よりよい学校組織において重要である。2015年12月の中央教育審議会の答申「チームとしての学校の在り方と今後の改善方策について」によれば、「チームとしての学校」が求められる背景には、次のことがある。

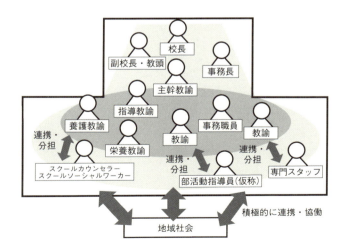

図 3-6　チームとしての学校のイメージ（文部科学省，2015より）

①新しい時代に求められる資質・能力を育む教育課程を実現するための体制整備
②複雑化・多様化した課題を解決するための体制整備
③子どもと向き合う時間の確保等のための体制整備

　この「チームとしての学校」を実現するために、専門性にもとづくチーム体制の構築、学校のマネジメント機能の強化、教職員一人ひとりが力を発揮できる環境の整備に沿った学校組織づくりがめざされる（文部科学省, 2015）。

1）スクールカウンセラー・スクールソーシャルワーカー　特に、子どもが抱える複雑な困難の解決に立ち向かうには、学校と地域（保護者）に加えて、**スクールカウンセラー**や**スクールソーシャルワーカー**など、多様な専門家を交えた支援体制を組む必要がある。

　スクールカウンセラーは心理の専門家であり、児童生徒の心理査定（アセスメント）やカウンセリング、教職員及び保護者への助言などを行う。スクールソーシャルワーカーは福祉の専門家であり、主に家庭環境（虐待や経済困窮）への相談援助や福祉制度利用の支援、関係機関との連携調整などを行う。

2）部活動の指導員　学校部活動の地域移行を背景に、スポーツや芸術等の専門的知識・技能を有し、児童生徒への専門的技術指導を行う**部活動指導員**が重要な役割を担っている。従来は教員が部活動指導を行っていたが、教員の業務負担軽減と授業準備時間の確保を目的に、近年は地域に住む部活動指導員への指導委託が進められている。学校部活動や地域クラブ活動のあり方等に関する総合的なガイドラインも出された（スポーツ庁, 2018; スポーツ庁・文化庁, 2022）。

　なお、近年の部活動改革の要点を述べると、部活動の強制加入制度の撤廃、週2日以上の休養日（最低限平日1日、週末1日）の設定、休日における地域移行の推進から始まり、運営主体の移行に伴う体制整備、小規模校における合同部活動制度の導入、大会制度の見直しなどが進められている。主な課題としては、運営主体の問題（市町村などの行政か、民間の事業者への委託か）に加え、指導員の確保、指導員への雇用条件を含む予算の問題、部活動指導を希望する教員の兼職兼業の環境づくりなど、指導員にかかわる課題が多い。

3）専門スタッフ　チームのメンバーとなりうる、それ以外の専門スタッフとして、外国人児童生徒の日本語指導や教科指導における補助、外国人保護

者からの教育相談への対応、また、教材や学校便り等の翻訳作業等にあたる**外国人児童生徒支援員**や、警察官 OB 等が学校等を巡回し、学校の安全体制づくり及び、学校安全についての警備上のポイントや不審者への対応等について専門的な指導を行う**スクールガード・リーダー**、授業や研修、校務において、教員と連携して、機器やソフトウェアの設定や操作の指導や活用のアドバイス、必要な ICT 教材の紹介などを行う **ICT 支援員**（情報通信技術支援員）、看護師等の資格をもち医療的ケアを必要とする児童・生徒の療養上の世話や診療の補助に従事する**医療的ケア看護職員**を有する学校もある。

[3] PTA 活動

　保護者と学校との連携を促す代表的な組織として **PTA**（Parents Teacher Association）がある。なお、PTA の設置に関する法令などの規定はなく、社会教育法 10 条に定める「社会教育関係団体」の一つとされ、スポーツクラブや同好会、ボーイスカウトなどと同じ位置づけにあたる。原則として、各学校単位の保護者と教職員で組織され、各 PTA の規約や会則において目的などが定められている。加入は任意であるが、この独自の PTA の規約において、自治会活動との紐づけや、登校班など学校生活との連続性から、ほとんどの保護者が加入する実態があり、しばしば問題視されてきた（堀内, 2021）。

　2015 年に朝日新聞がオンラインで実施した PTA に関するアンケートでは、回答の半数以上が PTA を不要と答えており、PTA のイメージに 7 割以上が「面倒くさい・負担が大きい」と回答するなど、運営のあり方に深刻な課題が示唆された（堀内, 2021）。一方、PTA 会員のボランティアによる体育の水泳、図工の版画、家庭科のミシン、社会科の七輪体験などといったさまざまな授業における見守り・支援や、運動会前の校庭の除草作業など、日常的な学校の教育活動を PTA が大きく支えている事例は枚挙にいとまがないのも事実である[*3]。加えて、子どもと地域社会との関係が希薄になりつつあるなかで、PTA 活動を通して、地域コミュニティへの関心を高め、地域の教育力の向上に寄与した

[*3] ここに示した日常的な学校教育活動を支える PTA 活動は、筆者自身の子どもが通う愛知県内の公立小学校で実際に行われた取り組みである。これらの活動は、毎回募集をかけて、活動可能な PTA 会員が自主的に参加をする。際立った特色のあるユニークな取り組みとはいえないが、教員にとって大きな助けになるとともに、PTA 会員が負担に感じることもなく、子どもたちの安心かつ安全な学校教育活動を支える、今後も大切にしたい取り組みである。

事例もある（岡田, 2015）。

　PTAのあり方を改革する動きは全国的に広がり、各自治体で独自の運営ガイドラインが作成されるなど、力強い変化をみせる自治体もある[*4]。PTA改革の主な要点として以下の3点を挙げたい。

①PTAへの加入を強制ではなく、任意加入とすること
②PTAの活動内容をできる範囲に見直すこと
③役員決めの改革

　子どもが卒業するまでに1回は係や役員を経験しなければならないという慣習や、免除されるための手続きのしかたなどについて、保護者の負担を配慮するかたちで変化している。PTA役員の立候補制、PTA活動もやりたい人ができることを行うしくみづくりが広がりつつある。

文　献

中央教育審議会（2004）．学校の組織運営の在り方について（作業部会の審議のまとめ）
中央教育審議会（2015）．チームとしての学校の在り方と今後の改善方策について（答申）
堀内京子（2021）．PTAモヤモヤの正体──役員決めから会費、「親も知らない問題」まで──　筑摩選書
文部科学省（1992）．二主任制度の創設　学制百二十年史　https://www.mext.go.jp/b_menu/hakusho/html/others/detail/1318372.htm（Retrieved March 25, 2024）
文部科学省（2006）．資料5 教員の職務について　https://www.mext.go.jp/b_menu/shingi/chukyo/chukyo3/041/siryo/attach/1417145.htm（Retrieved March 25, 2024）
文部科学省（2015）．チームとしての学校の在り方と今後の改善方策について（答申）
文部科学省（2017a）．小学校学習指導要領（平成29年告示）
文部科学省（2017b）．中学校学習指導要領（平成29年告示）
文部科学省（2017c）．【総則編】小学校学習指導要領（平成29年度告示）解説
文部科学省（2017d）．学校における働き方改革特別部会（第6回）資料5-2
文部科学省（2023a）．カリキュラム・マネジメント https://www.mext.go.jp/a_menu/shotou/new-cs/_icsFiles/afieldfile/2020/01/28/20200128_mxt_kouhou02_02.pdf（Retrieved March 25, 2024）
文部科学省（2023b）．文部科学統計要覧（令和5年版）
野澤有希（2023）．カリキュラムグランドデザインの全体構造の視点と課題に関する研究──上越市の小学校のグランドデザインを手掛かりに──　上越教育大学研究紀要, 43, 117-126.
岡田芳廣（2015）．PTA人材による地域の絆とコミュニティの形成　早稲田大学大学院教職研究科紀要, 7, 37-46.
スポーツ庁（2018）．運動部活動の在り方に関する総合的なガイドライン
スポーツ庁・文化庁（2022）．学校部活動及び新たな地域クラブ活動の在り方等に関する総合的なガイドライン
田村知子（2014）．カリキュラムマネジメント──学力向上へのアクションプラン──　日本標準

[*4]　例えば、名古屋市（https://www.pta-nagoya.jp/guidelines/）のほか、川崎市（https://www.pta-kawasaki.org/pta-guidelines）など。

第Ⅱ部

教師の資質・能力を知る

第4章

学び続ける教師

➡ ワーク5　リフレクション（ALACTモデル）①（p.162）
➡ ワーク6　リフレクション（ALACTモデル）②（p.166）

本章を学ぶおもしろさ

　教師になるために学んでいる読者にとって、教師になることは一つのゴールとなる。そのために、今、さまざまな分野の学びを蓄積していることだろう。しかし、教師は教師になった後も「学び続ける」ことが義務として定められている。では、教師になってからの学びは、教師になるための学びとは違うのだろうか。教師は何をどのように学んでいるのだろうか。
　この章では、教師となった後に何をどのように学ぶ必要があるのか、そしてそのためにどのような学びの場や機会が用意されているのかを示していく。

教育基本法[†]9条には「法律に定める学校の教員は、自己の崇高な使命を深く自覚し、絶えず研究と修養に励み、その職責の遂行に努めなければならない」とある。また、教育公務員特例法[†]21条には「教育公務員は、その職責を遂行するために絶えず研究と修養に努めなければならない」とある。これらの法律を根拠として、教師は常に学び続ける存在であることが求められる。

さらに、中央教育審議会は令和3年に「令和の日本型学校教育」を担う新たな教師の学びの姿の実現に向けた審議をまとめている（中央教育審議会, 2021）。そのなかでも「社会の在り方が劇的に変わる中、子どもにその時代にあった十分な教育を行うためにも時代の変化に応じた高い資質能力を身につけた教師の存在が不可欠である」ことが示されている。時代の変化が大きい現代において、教師はこれまで以上に学び続ける存在であることが強く期待されている。

4.1 教師の力量

[1] 教師は何を学ぶか

学び続けることが求められている教師は、「何を」学ぶのだろうか。教育には不易と流行、つまり変わらないことと変わることがあると言われている。文部科学省が令和4年に告示した「公立の小学校等の校長及び教員としての資質の向上に関する指標の策定に関する指針」（文部科学省, 2023）では、時代が変化しても教員として求められる普遍的な力として、倫理観、使命感、責任感、教育的愛情、総合的な人間性、コミュニケーション力、想像力、自ら学び続ける意欲や研究能力を挙げている。教員を対象とした沖田（2022）の調査でも、教員に対して求められる力として「子どもに対する教育的愛情」、「教育に対する熱意」、「教育者としての使命感」という回答が上位に位置している。これらの事柄はどんな時代の教育でも変わらず重要とされる不易の力量である。教師はその力を意識して高めていくことが求められる。

一方で、教育における流行の一つには、学校の授業で教える内容の変化がある。児童生徒に伝えるべき内容に変化が生じれば、まずは教師がその内容について理解し、その上で児童生徒にどう伝えればよいかを考える必要がある。

また、時代や環境の変化により学校教育が直面する新たな課題への対応も、

教師が学び続けなければいけない流行と言える。例えば、学校現場での児童生徒の多様化（9章）、ICT環境の充実によるデジタルコンテンツの拡充（8章）、さらには学校組織と教職員の働き方（3章）などが挙げられる。

教師が学んだ内容は、単に知識として取り入れて終わるのではなく、その学んだ知識やスキルが教育活動のなかで活用される必要がある。例えば、学校において教師や教材を通して学ぶ各教科等の知識やスキルは**学校知**（academic knowledge）と呼ばれる（楠，2018）。大学などの教員養成課程で学生が学ぶ教育方法や教育内容などの知識も、一種の学校知である。しかし、教師の仕事は、この学校知を取り入れるだけではうまくはいかない。教師は目の前の子ども、同僚教師、学校の雰囲気、保護者などに関わるなかで多くの経験を積み、そのなかで**実践知**を獲得していく。実践知とは知識をどの場面でどう使うのかなどの実践的な知識であり、「日常生活の文脈において問題を解決するために、経験を通して学んだ知識を適用・活用し、実行・達成を支える知能」（楠見，2012）である。教師は経験を積むなかで教育についての実践知を身につけ、更新し続けていくことが求められている。

[2] 教師はどのように学ぶのか

職業などの特定の領域で経験を積み、そのなかで高いパフォーマンスを発揮できるようになることを**熟達化**と言い、それができるようになった人を**熟達者**（エキスパート）と呼ぶ。熟達者は熟達の過程で豊富な実践知を得た人であると言える。

1）正統的周辺参加　熟達者には、手際のよい熟達者と、適応的な熟達者の二つが存在する（波多野・稲垣，1983）。

手際のよい熟達者（routine expert）とは、同じ手続きを数多く繰り返したことでその動きに習熟している人であり、「正確に同じことをする」ということに優れている。適応的な熟達者（adaptive expert）とは、手続きの意味を理解しているため、状況に応じて何をするのかを臨機応変に変更することができる人である。さまざまな児童生徒、そして複雑な状況に対応する必要がある教師は、適応的な熟達者をめざす必要がある。

では、その職業の初心者はどのようにして熟達者になるのだろうか。レイヴとウェンガー（1991 佐伯訳，1993）は、学習は社会的状況や文脈に埋め込まれ

ているという状況的学習理論から、初心者が熟達者になる学習過程を**正統的周辺参加**（legitimate peripheral participation）という言葉で説明している。正統的周辺参加とは、学習者が実践共同体へ周辺的であっても正当的に参加するなかで、「周辺的参加」から「十全的参加」のように参加の形態が変化していく学びの過程である。最初に、初心者は周辺から実践文化の全体を見渡し、熟達者の動きを観察し、自分が熟達者になるにあたって何を学ぶべきなのかを徐々に理解していく。経験を積むなかで共同体への参加を深めていき、具体的にできることを増やし、最終的に共同体の完全な一員となっていく。正統的周辺参加では学習者が実践共同体のなかで一人前として認められ、自ら一人前の責任が果たせたことで学びが成立する（佐伯，2011）。

　正統的周辺参加から考えると、教師もまた、教員採用後に周辺から学校現場に関わり、徐々に教師という実践共同体の一員となっていくのだろうか。徳舛（2007）は、若手小学校教師への面接調査から、教師という職業の正統的周辺参加の過程を明らかにしている。この研究によると、若手教師は初期の段階で自分に教師実践の知識がないことを実感し、周辺的な存在であることを実感しながらも、教師として責任のある中心的な実践を任される存在でもあることが示されている。正統的周辺参加では、「新参者の作業は短く、単純で、失敗に対する損害も小さく、徒弟は活動全体に対する責任が軽い」とされているが（レイヴとウェンガー，1991）、教師の場合は1年目であっても一定の責任や地位（担任となったり、授業を一人で任されたり）をもつことが多い。そして何より、児童生徒はその教師が新人であるかベテランであるかに関係なく、教師としての責任や役割を果たすことを期待するだろう。そのため、新任教師の実践への参加は決して正統的周辺参加で示されるほど緩やかではない。新参者である1年目でも、状況によっては十全的な参加が求められることは、教師という職業的特徴の一つかもしれない。

2）反省的実践家としての教師　　徳舛（2007）はまた、若手教師が実践を積み、経験を増やすことが学習であると述べている。教師は実践のなかで"教師"になっていくとされており、教師の学びは実践とは切り離せない。

　ショーンは近代主義的な専門家である「科学的技術の合理的な適用」を原理とする技術的熟達者に対する新たな専門家像として、より複雑な状況において「行為のなかの省察」を基礎とする**反省的実践家**（reflective practitioner）を

提示している（Schön, 1983 佐藤・秋田訳 2001）。「行為のなかの省察」とは、活動の流れのなかで、生じては消えゆく束の間の探求としての思考であり、やりながら考えるという思考である。教育活動は教師と生徒の多様なやりとりの流れのなかで行われるため、教師は状況に柔軟に応じて瞬時に考えて行動することが求められる。それゆえに、この理論をもとにした「反省的教師」という専門家としての教師像は、1990年代以降のさまざまな国における教師教育改革において、求められる教師像として提示されている（佐藤, 2015）。

　「行為のなかの省察」は、教師自身のこれまでの経験則や勘などにもとづいて無意識に行われることが多い。この無意識に利用される知識のことを暗黙知と言う。暗黙知は仕事の効率的な遂行や直観的に適切な問題状況の解釈を導く機能があり、実践知が優れた人は暗黙知を獲得して活用することも優れている（楠見, 2012）。一方で、暗黙知の内容は言葉にして他者に教えたり教わったりすることが難しく、「行為のなかの省察」でも暗黙知を活用したことは説明しにくい。教師として成長するためには、一つ一つの「行為のなかの省察」を意識的に実践し、それが消えないように言語化して記録した上で、教育活動全体の省察を行うことも重要だろう。

　3）ALACT モデル　　省察の方法にもさまざまなものがある。例えば、教師教育研究者のコルトハーヘンらは学習者の理想的な**省察（リフレクション）**のプロセスを示す **ALACT モデル**（**図 4-1**）を提唱している（Korthagen et al., 2001 武田信子監訳 2010）。このモデルにおいて、省察は、「①行為→②行為の振り返り→③本質的な諸相への気づき→④行為の選択肢の拡大→⑤試行」の5段階からなる。⑤試行は次のサイクルの①行為となり、この流れが循環していく。

　ALACT モデルのポイントは、適切な③本質的な諸相への気づきを生むことである。③本質的な諸相への気づきとは、自分と相手の間、あるいは自己の内面と行為との間にある不一致や悪循環に向き合い、そこから見出された「違和感の背景にあった物事の本質」や「そこにあった大切なこと」に気づくことである。③本質的な諸相への気づきには、②行為の振り返りが適切かつ丁寧になされない限りたどり着けない。そのため、コルトハーヘンは、②行為の振り返りで用いるべき「八つの質問」を示している（**表 4-1**、詳細は**ワーク5**参照）。八つの質問への回答から得られたあなた（私）と相手（児童生徒）の不一致や悪循環に着目することで、③本質的な諸相への気づきを促していく。

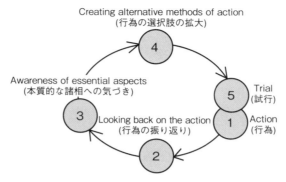

図 4-1　ALACT モデル（Korthagen et al., 2001 をもとに作成）

表 4-1　振り返りにおける具体化を促すための「八つの質問」
（Korthagen et al., 2001をもとに著者作成）

0. 文脈はどのようなものでしたか？	
1. あなた（私）は何をしたかったのですか？	5. 相手（児童生徒）は何をしたかったのですか？
2. あなた（私）は何をしたのですか？	6. 相手（児童生徒）は何をしたのですか？
3. あなた（私）は何を考えていたのですか？	7. 相手（児童生徒）は何を考えていたのですか？
4. あなた（私）は何を感じたのですか？	8. 相手（児童生徒）は何を感じていたのですか？

4）同僚性と援助的指導　なお、自分の教育活動（授業など）の省察を教師自身が一人で行うことには限界がある。佐藤（1993）は、**同僚性**と**援助的指導**（メンタリング）が反省的実践家の専門的成長に決定的な役割を果たすとしている。

同僚性とは、教師たちが教育実践の改善を目的に掲げて学校の中で共同する関係のことである（佐藤，1993）。ALACT モデルで考えると、例えば同じ目的をもった教師同士で対話を通した省察を繰り返し行うことで、本質的な諸相への気づきも多面的になり、さらに行為の選択肢の幅が広がる可能性がある。省察を一緒に行うなかで、同僚性もさらに高まると考えられる（坂本，2007）。

援助的指導（メンタリング）とは、先輩教師が後輩教師の専門的自立を見守り援助する活動のことを言う（佐藤，1993）。先述したように、教師は初任者の時点で一定の責任をもつ自立した存在であることが求められる。後輩教師は先輩教師にその自立を支えてもらいながら省察を繰り返し、教師としての自分に

自信をつけていくものなのだろう。

　教育活動の省察を行う際は、失敗したな、うまくいかなかったなと感じたことに対して「なぜうまくいかなかったのか」という理由を探し、教師ができる解決策を模索することが大事である。一方で、うまくいったことに対して「なぜうまくいったのか」という理由にも目を向けて省察を行うことで、無意識に実施していた手立ての有効性を確認したり、教師としての自分の強みを発見したりすることにつながる場合がある。

4.2　教師の研究と修養

　学び続ける教師のために、**教員研修**はさまざまな学びの形や場所で行われている（図 4-2）。その基本となるのは日々自身で行う自己研修である。しかし、日々の校務の複雑化・多様化により実質的な自己研修は難しい場合も多く（教職員支援機構, 2018）、それを補うものとして学校内外の研修が計画される。

[1] 学校内の研修
　1）校内研修　　学校のなかでの教師の学びの場として**校内研修**がある。校内研修は、学校の課題を解決する実践研究の場であり、個々の教師の力量形成だけでなく、組織体としての学校を構築し、研究としての成果を活かし、蓄積する役割も担っている（前田・浅田, 2020）。義務教育段階である小中学校の校内研修では一つのテーマを設けて実施しているところが多く（国立教育政策研究所,

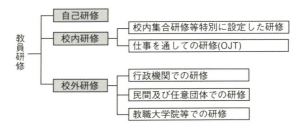

図 4-2　教員研修の種類（教職員支援機構, 2018 をもとに作成）

2010)、テーマに関わる授業を教員がお互いに見合い、その授業を検討するなどの授業検討会が行われている。「公立の小学校等の校長及び教員としての資質の向上に関する指標の策定に関する指針」（文部科学省, 2023）においても、校内研修によって「経験を振り返ることを基礎とした学び」と「他者との対話から得られる学び」を蓄積することの重要性が示されている。実際の授業の省察を同僚と複数人で行うことで、自分の授業を別の視点からとらえたり、新たなアイディアを得られたりする。

このように、教師自身が課題意識をもって同僚と一緒に考えて取り組む校内研修は、まさに実践知を増やす学びの場と言える。しかし、一定の労力と時間を費やす必要がある校内研修が、自身の課題意識と交わらず、形骸化されたものとなれば、教師にとって、そして学校という組織にとって負担となるだけである。校内研修を効果的なものとするためにも、教師が主体的・自律的に課題をもって研修を進めていくことが求められる。

2）仕事を通しての研修　校内研修のように研修の時間を特別に設けるのではなく「日常的な職務を通して必要な知識や技能、意欲、態度などを意識的、計画的、継続的に高めていく取り組み」のことを OJT（On the Job Training）という（東京都教育委員会, 2015）。特に、初任者に対してメンターを割り当て、援助的支援を行うメンター研修が OJT の形で行われることも多くなっている。

[2] 学校外で行われる研修

教師には勤務している学校ではなく、国や所属する自治体によってもさまざまな校外研修が用意されている（図 4-3）。

1）法律で定められた研修　原則として対象となる全教員が受講する必要がある法律で定められた研修を法定研修と呼ぶ。教員の法定研修には、教育公務員特例法で定められた、①初任者研修、②中堅教諭等資質向上研修、③指導改善研修の3つがある。

①**初任者研修**は、新任教員に対して、実践的指導力と使命感を養わせるとともに、幅広い知見を習得させることを目的としたで研修である（教育公務員特例法[+]23条）。初任者研修は採用日から1年間、公立の小学校等の教諭等のうち、新規に採用された者に対して行われる。校内、校外の研修に分かれており、校内の研修については週10時間以上、年間300時間以上、校外の研修について

は年間 25 日以上の実施規定がある。

校内研修では実際に指導にあたる教員の授業を見たり、自分の授業をその教員に見てもらったりするなかで実践力をつけていく。校外研修は勤務校を離れ、教育センター等で講義を受講したり、宿泊で研修を行ったりする場合もある。

研修の具体的な内容は実施者（任命権者または中核市等の市町村教育委員会）により異なるが、指導力を培うための児童生徒理解、教科指導、主体的・対話的で深い学習評価から学級経営、不登校対応、ICT の利用や情報モラル教育、そして教員としての使命や職場マナーまで、教員としての基礎的な力を幅広く身につけるためのさまざまな研修が初任者に向けて計画されている。

②**中堅教諭等資質向上研修**も、法令で定められた研修である（教育公務員特例法[†]24 条）。この研修は教育活動、その他の学校運営の円滑かつ効果的な実施において、中核的役割を果たすことが期待される中堅教諭等としての職務を遂行する上で必要とされる資質の向上を図ることを目的としている。概ね教職経験 10 年前後の教員に実施されることが多いが、対象となる中堅教諭等の年次や実施日数、内容については研修の実施者（任命権者または中核市等の市町村教育委員会）が定めている。

中堅教諭等資質向上研修では自分自身の教科指導に関わる研修だけでなく、学校の中核であるミドルリーダーとして、学校運営や若手教員に対しての指導的な役割を担うための研修も多く計画されている。

③**指導改善研修**は、幼児・児童・生徒に対する指導が不適切であると認定された教諭等に対して、その能力、適性等に応じて、当該指導の改善を図るため

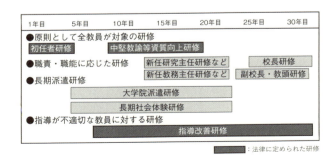

図 4-3 校外で行われる教員研修の実施体系（中央教育審議会, 2015 をもとに作成）

に行われる研修である（教育公務員特例法†25条）。つまり、指導改善研修はその年代の全教員を対象とした法定研修ではない。児童生徒の指導が不適切であるとされてこの研修を受けた教員は、教育の現場に戻るにあたり、研修の成果についての認定を得なければならない。研修を経ても不適切な指導に改善が認められない場合は、免職などの措置が取られる場合もある。

2）職責・職能に応じた研修　教員研修は上記三つの法定研修だけではない。職責や職能に応じて多くの研修が国や都道府県および市町村の教育委員会によって用意されている（図4-3）。例えば、新任校長研修では学校のリーダーとしての学校組織マネジメントやリスクマネジメントなどについての研修が実施されている。新任の生徒指導主任や教務主任に対する研修もあり、その職責・職能に必要な知識や心構えを学ぶ機会が研修として設定されている。そのほかにも、教科や児童生徒理解、教育相談、防災など、それぞれの教育委員会が独自に多種多様な研修を教師の学びの場として計画している。

教師だけでなく、学校を支える事務職員、養護教諭、栄養教諭それぞれの職に応じた研修も地方自治体の教育委員会により用意されていることが多い。学校全体が「学び続ける」存在として研鑽を続けてくことが求められている。

3）教職大学院での研修　大学院等派遣研修も教員研修の一つである。教育公務員特例法5章により、国公立学校の教員は教員の身分を保有したまま、専修免許状を取得するために大学院で学ぶことが可能となっている（**大学院修学休業制度**）。この場合、修学の期間は「休業」の扱いとなるため、勤務校での職務に従事することはない。自身の希望によって進学する場合は休職中の給与は発生しないが、都道府県の教育委員会からの派遣、つまり大学院等派遣研修として大学院で学ぶ場合は給与を得ながら学ぶ期間となる。

近年、教師の研修先となる大学院の多くが全国にある**教職大学院**となっている（2025年現在、50以上の国立・私立大学に設置）。教職大学院は、従来の修士課程が教育研究に重点を置き、日常実践に有益な資質能力の向上に必ずしも直結していないとの批判を意識しつつ、実践的な専門性の高度化を目的とする専門職大学院として創設された（安藤, 2021）。教職大学院は実践的な指導力を備えた新人教員の養成と現職教員を対象としたスクールリーダー（中核的中堅教員）の養成を主な目的としている。そのため、教職大学院は大学院教員のうちの4割以上が実務経験をもつ実務家教員となっている。教職大学院では、概

ね実習を含む2年（短期履修コースや長期在学コースなどもある）の学びをもって、教職修士（専門職）の学位が授与される。

教職大学院がめざしているものの一つに**理論と実践の往還**がある。教職大学院では、諸科学や本質についての最新の専門的な知見を得て、教師が課題をもちながらそれを実践のなかにどのように取り入れていけるのかについて、理論と実践を往還しながら考えていく。教職大学院で学ぶ教師は自身のこれまでの教育活動を少し離れた場所から省察し、自らの課題と社会の課題を照らし合わせ、これまで獲得してきた実践知と客観的な理論を合わせて課題を解決していくというサイクルを経験していく。

4）長期社会体験研修　社会体験研修とは、教員が企業や社会福祉施設、社会教育施設等の学校外の施設に派遣されて行われる研修である。このうち1ヵ月以上派遣される研修を**長期社会体験研修**という。

都道府県・市町村の教育委員会によって、対象となる教員やその目的は異なり、さまざまな社会体験研修が計画されている。例えば、愛知県教育委員会は令和5年度の計画において、企業等の人材育成や人事管理などを学んで学校運営に生かすことを目的とした、教員のリーダー研修の一環として、1年間の民間企業への派遣研修を計画している（愛知県教育委員会, 2023）。同様に、群馬県では、キャリア教育に関する指導的な役割を担う人材の育成を目的に、1年間の企業研修が実施されている（群馬県総合教育センター, 2024）。

社会体験研修の意義として、脇本・町支（2017）は教職や学校を社会の視点からメタにとらえ、教職の振り返りを促すことを挙げている。さらに地域の企業で行われる研修は、教師が民間企業などから学びや気づきを得るだけでなく、研修を行う企業にとっても学校を理解する機会となる。地域に開かれた学校づくりがめざされるなかでは、互いにとって大切な機会となるだろう。

[3] 教職に関するリカレント教育プログラム

研修は現役の教師に対してのみ準備されているわけではない。現在、教員免許状をもっているものの教職に就いていなかった人が改めて教員をめざすための研修（**リカレント教育プログラム**）がさまざまな大学で行われている。この研修のなかでは教員免許状を取得した際の過去の学びをアップデートする講習に加え、教員採用試験のサポートなどが設定されている。

こうした研修が増加している背景には、国公立学校における教員採用試験の年齢制限が撤廃・緩和されていることが挙げられる。さまざまな経歴をもつ人が教職にチャレンジできることは教員志望者を増やすだけでなく、児童生徒が学校で多様な教師と出会い、視野を広げていく可能性にもつながるだろう。

文　献

愛知県教育委員会（2023）．令和5年度愛知県教員研修計画——未来を担う子供たちを育む「学び続ける教員」であるために—— https://www.pref.aichi.jp/uploaded/attachment/456531.pdf

安藤知子（2021）．教員研修の現状と今後の職能開発のあり方　日本労働研究雑誌, 730, 50-59.

中央教育審議会（2015）．教員研修の実施体系　文部科学省 https://www.mext.go.jp/content/20230328_mxt-kyoikujinzai01_100002375-1.pdf

中央教育審議会（2021）．「令和の日本型学校教育」を担う新たな教師の学びの姿の実現に向けて　審議まとめ　文部科学省 https://www.mext.go.jp/content/20211124-mxt_kyoikujinzai02-000019122_1.pdf

群馬県総合教育センター（2024）．令和6年度研修基本計画　https://center.gsn.ed.jp/wysiwyg/file/download/1/12944

波多野誼余夫・稲垣佳世子（1983）．文化と認知　坂元昂（編）現代基礎心理学第7巻　思考・知能・言語　東京大学出版会

国立教育政策研究所（2010）．校内研究等の実施状況に関する調査　https://www.nier.go.jp/kenkyukikaku/pdf/kounaikenkyu.pdf

Korthagen F., Kessels, J., Koster, B., Lagerwerf B., & Wubbels T. (2001). *Linking practice and theory*. Routledge（F. コルトハーヘン編著　武田信子（監訳）（2010）．教師教育学——理論と実践をつなぐリアリスティック・アプローチ——　学文社）

楠見孝（2018）．熟達化としての叡智——叡智尺度の開発と適用——　心理学評論, 61, 251-271.

楠見孝（2012）．第2章 実践知の獲得——熟達化のメカニズム——　金井壽宏・楠見孝（編）実践知 (pp.33-57)　有斐閣

教職員支援機構（2018）．教員研修の手引き2018——効果的な運営のための知識・技術——　https://www.nits.go.jp/materials/text/files/index_tebiki2018_001.pdf

Lave, J. & Wenger, E. (1991). *Situated Learning Legitimate peripheral participation*. Cambridge University press.（J. レイヴ & E. ウェンガー著　佐伯胖（訳）（1993）．状況に埋め込まれた学習——正統的周辺参加——　産業図書）

前田菜摘・浅田匡（2020）．小中学校教師は校内研修をどのように捉えているか——尺度項目ならびに比喩生成課題の回答から——　日本教育工学会論文誌, 43, 447-456.

文部科学省（2023）．公立の小学校等の校長及び教員としての資質の向上に関する指標の策定に関する指針 文部科学省　https://www.mext.go.jp/content/20220901-mxt_kyoikujinzai01-000023812_1.pdf

沖田悟傳（2022）．「これからの教員に求められる資質能力」の考察——現職教員の意識と教職課程履修学生の意識から見えてくるもの——　同志社大学教職課程年報, 11, 16-31.

佐伯胖（2011）．第7章 人が「わざキン」に感染するとき　生田久美子（編）わざ言語　感覚の共有を通しての「学び」へ (pp189-204)　慶應義塾大学出版会

佐藤学（1993）．教師の省察と見識＝教職専門性の基礎　日本教師教育学会年報, 2, 20-35.

佐藤学（2015）．専門家として教師を育てる——教師教育改革のグランドデザイン——　岩波書店

坂本篤史（2007）．現役教師は授業経験から如何に学ぶか　教育心理学研究, 55, 584-596.

Schön, D. (1983). *The reflective practitioner*. Basic Books.（D. ショーン著　佐藤学・秋田喜代美（訳）（2001）専門家の知恵——反省的実践家は行為しながら考える——　ゆみる出版）

徳舛克幸（2007）．若手小学校教師の実践共同体への参加の軌跡　教育心理学研究, 55, 34-47.

東京都教育委員会（2015）．OJTガイドライン【第3版】 https://www.kyoiku.metro.tokyo.lg.jp/staff/personnel/training/files/development_policy/27ojtgaidorain.pdf

脇本健弘・町支大祐（2017）．教師の企業等派遣研修の学びのプロセスに関する実証的研究　日本教育工学会論文誌, 41, 137-140.

第5章

教師としての自己と生活

➡ ワーク7　自分の「性格的な強み」を見つけて活用しよう（p.169）

本章を学ぶおもしろさ

　これから教師になる皆さんは、教師の仕事や生活に対してたくさんの不安をもっていることだろう。また、教師として働き始めた後でも、仕事や生活で生じるさまざまな問題に直面して、理想とする教師像と現実とのギャップに思い悩むことがあるはずである。
　本章では、教師のライフコースで生じる不安や問題を紹介しつつ、教師として生き生きと生活しながら「教師としての自分」を見つけるために必要なことを紹介した。それらの不安をポジティブな生きる糧にしながら、どうやって充実した教員生活を送ればよいのかを考えるきっかけにしてもらえればうれしく思う。

5.1 教師としての自己と教師像――「教師アイデンティティ」とは？

　教師は学校の多忙さや児童との関係、保護者や同僚との関係などの難しさなどを経験しながら、「先生としての自分のあり方」を探求し、心の内面でさまざまな考えや葛藤を経験しながら成長する（曽山, 2014）。この教師のあり方や教師像に関する課題は、教師生活全般を通して続くものであると考えられる。このような教師としてのあり方や教師像は、**教師（教職）アイデンティティ**（teacher identity）と呼ばれている。

　そもそも、エリクソン（Erikson, 1959）の提唱した自我同一性（アイデンティティ）のひとつである職業アイデンティは、「自分にとって仕事とは何か、社会のなかで仕事を通じて自分はどのようであるか、ありたいかなど主体的意識や感覚、あるいは職業を通しての自分らしさの確かめ、自分らしさを生かし育てていく職業的姿勢」（松下・木村, 1997）と定義されている。教師としての職業アイデンティティ（すなわち、教師アイデンティティ）にはさまざまな定義があるが、日本では一般的に「教師個人が自前で確保した教師としてのアイデンティティ」（久冨, 2008）と定義される。具体的には、教師としての自負（例：私は教師として、生徒（保護者）からも必要とされていると思う）、社会貢献（例：私は教師として社会に貢献していきたい）、生き方への自信（例：私は教師であることが自分らしい生き方だと思う）、教育観の確立（例：教育のあり方について自分なりの考えをもっている）などによってとらえられている（松井・柴田, 2008）。

　教師アイデンティティの研究をみると、自分自身が教師として人びとや社会に求められ、その期待にこたえたいと感じ、教師として生きることに自信をもち、自らの教師としてのイメージを確立しているとき、教師アイデンティティを確立している状態であることが推測される。そして教師は、教師アイデンティティを確立するプロセスにおいて、学校現場の多忙で多様な状況に対応しつつ、理想の教師像とのギャップや葛藤をふまえ、自分らしい教師像を自ら確立していく（曽山, 2014）。教師アイデンティティの確立は教職を続けるために重要であり（久冨, 2008）、特に教育観の確立は学校内の活動や対話を促進し、指導や教育への不安感を低下させることがわかっている（大越, 2013）。

5.2 初任者としての教師

[1] 新任教師が遭遇する「リアリティ・ショック」とは？

　シャイン（Schein, 1978）は、人が会社組織や新たな部署などに参入する際に適応していく過程について研究を行い、初任者は新たな組織に参入する際に、自分の思い描いていたイメージや理想と職場での現実とのギャップにより、さまざまなショックを受けると述べている。それを**リアリティ・ショック**と呼ぶ。リアリティ・ショックが上手に解決されない場合、初任者は仕事へのモチベーションを喪失し、その結果として辞職するリスクもある。新任教師のリアリティ・ショックを引き起こす要因には、以下のものが報告されている（松永他, 2017）。

　1）経験不足　　課せられた基本業務（授業、事務作業）を一人で行えないことや、生徒や保護者に期待されていることが何であるかを的確に判断できないことなどがある。

　2）多忙　　教師の業務が予想以上に多いことや、それによる授業準備や勉強時間の確保の難しさがある。また、生徒と直接関わる時間よりも事務処理をする時間が多くなり、本当に必要だと思う仕事ができず、休む時間もとりづらくなる。

　3）職場の人間関係　　先輩教師との関係悪化を気にして自分の意見を主張できないこと、職場集団の一員として認められないことなどがある。特に、就職したばかりの新任教師は職場の人間関係に困難さを感じやすい。

　4）生徒・保護者との関係　　就職前に期待していたような関係性が築けずに距離を感じることや、生徒や保護者から不満をもたれることなどがある。

　松永他（2017）によると、これらのリアリティ・ショック要因を経験する程度が高い新任教師は、就職の前後で教師の仕事に対するイメージがネガティブに変化しており、抑うつ感などの心理的ストレス反応も表出しやすくなっていた。特に、職場の人間関係の要因は、新任教師のイライラ感、疲労感、不安感など、さまざまなストレス反応と関連していた。

　また、学校管理職（校長）へのインタビュー調査によると、校長は新任教師が経験するリアリティ・ショックへの支援として、新任教師が孤立せず、困っ

た際にすぐ相談できるような、話しかけやすい体制づくりをしていた（松永他，2021）。具体的には、校長が先輩教師や指導教諭に新任教師への指導方法を指示するなどの間接的な支援や、校長から新任教師への直接的な助言や声かけがあった。このような体制づくりは、新任教師が職場における同僚間のサポートを認知しやすくし、リアリティ・ショックによるメンタルヘルスの悪化を緩和することが期待される（松永他，2021）。加えて、新任教師が自ら周囲に相談し、そこで得られた助言を受け入れて柔軟に行動できることが、リアリティ・ショックを乗り越えるために重要だと考えられる。

[2] 新任教師1年目の実際——新任教師はどのように成長するのか？

曽山（2014）は、小学校の新任教師に1年間継続してインタビューを実施し、新任教師が働く過程で経験した内容を分析した。

その結果、1学期では、多忙な学校のルールや基準がわからずに圧倒されながら、子どもへの関わりや理解の難しさにも直面していた。この時点で新任教師は、学生時代に抱いていた学校現場の理想や期待と、実際に直面する学校業務やさまざまな問題とのギャップに翻弄されることになる（すなわち、リアリティ・ショック）。そして、保護者とのかかわりや同僚教師のサポートなどを受けるなかで、教師としての自分のあり方に葛藤しながら、教師としてのアイデンティティを模索していた。

2学期では、学校業務に慣れて余裕が生まれるなかで、子どものいろいろな姿をみて、子どもへの理解や関わりに対する自分なりの感覚をつかみ始めていた。それと同時に、担任としての責任の範囲に悩み、すべてが自分の責任だと感じていた。

3学期になると、新任教師は上記の経験をふまえて、自分が教師としてやってきたことの意味づけができるようになっていた。この新任教師の発達過程は、子どもや同僚教師との良好な関係によって支えられていた。

近年の学校現場では団塊世代の大量退職に伴い、教員の大量雇用が行われている（1章参照）。そのため、学校現場の教員の年齢構成は若年化している（文部科学省，2023a）。中堅やベテランの教師数が相対的に少ない状況では、新任教師への知識・技能の伝承やサポートが難しくなる。また、20代後半から30代前半の教師が校務分掌で主任などの役職に就くケースもある。これらの実情に

対応するため、新任教師や若手教師の組織的な育成体制としてメンター制度を導入する学校もある（4章参照）。

5.3 教師の生活とキャリア

[1] 教師の「仕事」と「生活」のバランス

人は、働くことで社会とかかわり、自分らしい生き方をみつけていく。この自己概念の形成過程を**キャリア発達**という。**図 5-1**はキャリア発達に関わるアイデンティティの軸（達成－ケア）と領域である。これをみると、キャリア発達には、職業・家庭の各領域における個としてのアイデンティティ（達成）と関係性にもとづくアイデンティティ（ケア）が重要な要素になっている（岡本, 2002）。なお、前節で解説した教師アイデンティティは、職業を中心とする公的領域にあてはまる。新任教師の時期は教師としてのアイデンティティの模索や達成に注力するが、経験年数を重ねるにつれて、若手教師の育成や組織マネジメントなどの関係性にもとづくアイデンティティも発達させていく。

図 5-1　キャリア発達を規定するアイデンティティの軸と領域（岡本, 2002 より）

68　第5章　教師としての自己と生活

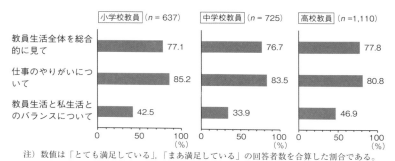

注）数値は「とても満足している」,「まあ満足している」の回答者数を合算した割合である。

図5-2　各項目に「満足している」と回答した学校教員の割合（ベネッセ教育総合研究所, 2016をもとに作成）

　また、教師生活を営むなかで、職場での異動や昇進、家庭での結婚、子育て、介護など、さまざまなライフイベントが生じてくる。それらの節目では、職場や家庭における役割の変化に伴い、個人としてのアイデンティティの葛藤や再構築も生じやすい。例えば、結婚や出産を機に家族との時間を作るため、教師としての働き方を変えることもある。その際、今までどおりの仕事時間やエネルギーを確保できず、これまでに確立してきた教師アイデンティティが揺らぐこともある。教師のキャリア発達では、「仕事」と「生活」との調和（ワークライフバランス）を保つこと、そして、職業・家庭を総合したアイデンティティの達成とケアについて自分自身が納得できる働き方をすることが大切となる。

　教師の働き方について、ベネッセ教育総合研究所（2016）が学校教員に実施した調査結果の一部をみると、仕事のやりがいや教師生活全体に満足している教員は多いが、教員生活と私生活とのバランスに満足している教員は少ない（図5-2）。さらに中学校教員の回答を性別・年齢別にみると、教員生活と私生活とのバランスに満足している教員は男性よりも女性のほうが少なく、この傾向はどの年齢層でも同様にみられた（図5-3）。この一因として、女性は男性よりも家庭生活での家事や子育てなどの負担が大きいことが予想される。このような背景もあり、近年では教師のワークライフバランスの実現に向けた取り組みとして、教員の働き方改革（2章参照）や男女共同参画などが推進されている。

[2] 教師のキャリア形成とライフコース

　楊（2007）は、教師のキャリア形成やライフコースの典型的な例を挙げている。

5.3 教師の生活とキャリア　69

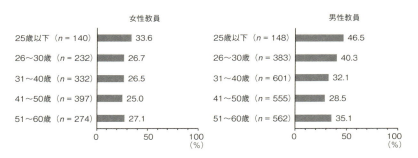

図 5-3　「教員生活と私生活のバランスについて」に満足していると回答した中学校教員の割合（性別・年齢別）（ベネッセ教育総合研究所，2016をもとに作成）

　まず新任教師の時期を経て、約3年目以降にあたる25歳から30歳頃、多くの教師は転任を機に教科指導や生徒指導の深化を経験し、35歳頃から主任としての自覚をもって視野を広げ、40歳頃に主任として管理職を助けて指導的役割を担う。管理職への昇進希望があれば、45歳頃から教頭として実務経験を積み、50歳頃から校長として学校の総責任を負う、というライフコースが一般的である。もちろん、上記は管理職になるライフコースの一例であり、実際には多様なライフコースがあることに留意してほしい。他の例を挙げると、定年までクラス担任として教壇に立ち続けることを選択する人や、他業種でキャリア形成をしてから教職に就く人などもいる。

　一方で、教師のキャリア形成には**ジェンダーギャップ**が存在する可能性がある。令和4年度公立学校教職員の人事行政状況調査（文部科学省, 2023b）によれば、小学校、中学校、高等学校の女性管理職（校長、副校長、教頭）の割合は23.7％であった（**図5-4**）。平成26年の15.2％から増加しているものの、教員の男女比率をふまえるといまだに圧倒的に女性の校長が少ないことがわかる。楊（2007）によれば、上述の典型的なライフコースは男性教師のものであり、女性教師は異なるキャリアを歩むと指摘している。例えば、女性教師は25歳から30歳頃の間に「結婚・出産・家事」の負担が増えるため、新しいキャリアの方向をつかむことに遅れ、35歳頃には「育児・介護・家事」のために主任などのリーダー経験が積めない状況となる。そのため、多くの女性教師がキャリア形成を中断したり、管理職に進むプロセスに至らなかったりする。

　また、育休取得率は、令和3年度公立学校教職員の人事行政状況調査をみる

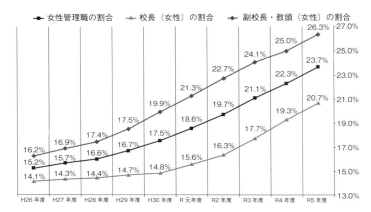

図 5-4　女性管理職の年次推移（文部科学省, 2023b より）

と、女性教員が 97.4％、男性教員が 9.3％であり、男性育休取得率は地方公務員の 19.5％に比べて半数以下となっている（文部科学省, 2022）。さらに、令和 4 年度学校教員統計調査（文部科学省, 2023c）をみると、離職者のうち、その理由が「家庭の事情のため」だった人の割合は、男性教員（小学校 4.0％、中学校 3.7％、高等学校 3.9％）よりも女性教員（小学校 18.8％、中学校 15.6％、高等学校 12.7％）で多くなっている。

　上記をふまえると、学校現場は他の職種と比べてもジェンダーギャップが依然として残っている。育児休暇を取得しない男性教師が多く、育児や家事負担が女性教師に重くのしかかる状況は、女性教師のキャリア形成やライフコースに影を落としている。そして、男性教師が育児休暇を取りたくても取れない現状があることも予想される。

　子どもたちにとって、教師は家族以外で日常的かつ頻繁に触れ合う「仕事をしている人」である。教師が男女差なく家事・育児に関わりあう姿を見せることが、子どもの適切なジェンダー観を育成するために重要になるのではないだろうか。

5.4 自分らしく成長する教師――「強み」

[1] 教師がもつ「強み」

教師アイデンティティの根底には、教師一人ひとりがもつ自分なりの「**強み (strength)**」がある。それゆえに、教師アイデンティティの形成には、自分自身の強みを自覚し、それを日常生活のなかで活かしていくことが大切である。人の強みや長所を研究するポジティブ心理学では、日常生活のなかで「強みを活かす実践（Strength Based Program: SBP）」が注目されている。

高橋（2016）が成人を対象に行った「強みを活かす実践」の一連の研究では、まずは自分がもっている性格的な側面での強みを見つけるワークを行い、その強みを実際に日常生活で活用するホームワークを行う（**ワーク7**を参照）。加えて、自分がもっている弱みを強みに言い換えるワークや、自分の長所と短所を結び付けて発表するワークなどを行うことで、自己の強みを活用する感覚や、自分らしい自分を作ることへの動機づけが高まっていた（高橋, 2016）。

また、自己の強みに注目する傾向の高い人は、他人の強みに注目する傾向も高いことがわかっている。すなわち、教師が日常的に自らの強みに積極的に注目しながら生活をすることが、結果として子どもや他人がもっている強みを見出すことにつながる可能性がある。欧米の研究では、学校現場で小学生や中学生を対象に強みを活かす実践が行われ、その結果として子どもたちの人生満足度、学級への積極的姿勢やポジティブ感情などに肯定的な効果が得られている（Quinlan et al., 2019）。特に、教師に「他者の強みを見出そうとする傾向」がある場合、その教師と関わる小学生は自らの強みを適切に発揮しやすくなった（Quinlan et al., 2019）。

教師がもつこのような傾向は、**ストレングススポッティング**（strength spotting）と呼ばれており、次の要素で構成される（Linley et al., 2010）。

- 能力（ability: どれほど上手に強みを見つけられるか）
- 感情的反応（emotional: 強みを見つけることで感情的な高揚を自然に得るか）
- 頻度（frequency: 強みを見出す作業を提供する頻度）

- 動機（motivation: 強みを見出すことが重要であると考えるか）
- 応用（application: 強さを見出したのちにそれを発揮させるよう促すか）

　現職教員と教職課程の大学生を比較した研究では、現職教員は学生よりも強みを見つけようとする「動機」や、強みを見出すことを喜ぶ「感情的反応」が高く、実際に子どもに強みを活用するように促す「応用」も高かった（高橋・森本，2021）。さらに現職教員のなかでも、児童生徒への理解力、統率力、指導力が高く、教師としての効力感がある教師はストレングススポッティングが高く（森本・高橋，2022）、バーンアウト（燃え尽き）状態の教師では低くなっていた（高橋・森本，2022）。

　教師は、子どもの強みを見つけて、それを活かすための教育を行うことが重要である。子どもの強みを活かす教育実践に向けて、教師自身が自分の強みを活かしながら**ウェルビーイング**（well-being）の高い教職生活を送り、そのなかで他者がもつ強みを見つける目線を養うことが大切だろう。その際、子どもがもつ強みや弱みはどちらも子どもにとって大切な個性の一つであることを忘れてはならない。子どもの個性の見つけ方、活かし方には、その教師自身の個性である教師アイデンティティが反映されると考えられる。

[2] 教師にもってほしい「心構え」──教師を長く続けるためには

　最後に、学校の現状をふまえた上で、教師がもつべき重要な心構えがある。それは、無理をしないということである。杉原（2012）は、多忙でさまざまな対人関係上の課題に直面する学校現場の実情を分析した上で、最終的に新任教師に必要な姿勢として、以下のように述べている。

> 「できない」ことが「できるようになる」ことは大切なことであるが、できないことがあった時に「できない」ことを受容することも重要である。つまり、できないこと、そして、それにより発生する苦悩を認め、それにより自らを追いつめることなく、むしろ、その状況と距離をとり、相対化することが大切なのだと考える（杉原，2012）。

　杉原（2012）は、若手教師ほど仕事に熱心がゆえに仕事が長期化・多忙化しやすいことを指摘している。つまり、理想的な教師像を求めることは、ときに

5.4 自分らしく成長する教師──「強み」

は教師の支えとなるが、そのように理想ばかりを求めて仕事を多忙化させて自らを追い詰めると、現在の教育現場では仕事が立ち行かなくなる可能性がある。それよりも、自分のできないことも素直に認めて、周囲に支援を求める、現職の学校を超えた仲間づくりをする（杉原，2012）、学校の内外にいるさまざまな支援者や援助資源を活用するなど、自らを追い詰めすぎずに多様な人びととの関係に開かれた状態になることが重要である。

　大人でも子どもでも、人は皆どのような形であれ、弱みやできないことをもっている。その弱みを受け入れられず、周囲からも否定されることから悩みは生じる。教師が自らの体験をもって自分自身の弱みやできないことを受け入れる姿勢や、自分を追い詰めすぎずに周囲に支援を求める姿勢をもつことで、「弱い、できない自分でも大丈夫」であると子どもたちに伝えることができるのではないだろうか。

文　献

ベネッセ教育総合研究所（2016）．第 6 回学習指導基本調査 DATA BOOK（小学校・中学校版）［2016 年］　ベネッセ教育総合研究所　Retrieved August 29, 2024, from https://benesse.jp/berd/shotouchutou/research/detail_5080.html

Erikson, E. H.（1959）．Identity and the life cycle. *Psychological Issues*, *1*, 1–171.（エリクソン，E.H　西平直・中島由恵（訳）（2011）　アイデンティティとライフサイクル　誠信書房）

久冨善之（2008）．教師の専門性とアイデンティティ──教育改革時代の国際比較調査と国際シンポジウムから──　勁草書房

Linley, P. A., Garcea, N., Hill, J., Minhas, G., Trenier, E., & Willars, J.（2010）．Strengthspotting in coaching: Conceptualisation and development of the Strengthspotting Scale. *International Coaching Psychology Review*, *5*(2), 165-176.

松井賢二・柴田雅子（2008）．教師の進路決定プロセスと職業的アイデンティティとの関連　新潟大学教育学部附属教育実践総合センター研究紀要 教育実践総合研究, *7*, 141-159.

松永美希・中村菜々子・三浦正江・古谷嘉一郎（2021）．管理職からみた新任教師のリアリティ・ショックの現状　立教大学臨床心理学研究, *14*, 37-49.

松永美希・中村菜々子・三浦正江・原田ゆきの（2017）．新任教師のリアリティ・ショック要因尺度の作成　心理学研究, *88*(4), 337-347.

松下由美子・木村周（1997）．看護学生の進路選択と職業的同一性形成との関連　進路指導研究, *17*(2), 12-18.

文部科学省（2022）．令和 3 年度公立学校教員の人事行政状況調査について　文部科学省 Retrieved August 26, 2024, from https://www.mext.go.jp/a_menu/shotou/jinji/1411820_00006.htm

文部科学省（2023a）．令和 4 年度学校基本調査　文部科学省 Retrieved May 17, 2024, from https://www.e-stat.go.jp/stat-search?page=1&toukei=00400001

文部科学省（2023b）．令和 4 年度公立学校教員の人事行政状況調査について　文部科学省 Retrieved August 26, 2024, from https://www.mext.go.jp/a_menu/shotou/jinji/1411820_00007.htm

文部科学省（2023c）．令和 4 年度学校教員統計調査　文部科学省 Retrieved May 17, 2024, from https://www.mext.go.jp/b_menu/toukei/chousa01/kyouin/1268573.htm

森本哲介・髙橋誠（2022）．教師の授業実践力とストレングススポッティングの関連およびメンターから受ける支援　兵庫教育大学学校教育学研究, *35*, 23-31.

岡本祐子（2002）．中年のアイデンティティ危機をキャリア発達に生かす──個としての自分・関わり

の中での自分──　明治生命フィナンシュアランス研究所調査報, *10*, 15-24.
大越卓摩（2013）．教師の職能発達のメカニズムと学びの場──A県B市の小学校教師の「教職アイデンティティ」に着目して──　学校教育研究, *28*, 83-96.
Quinlan, D., Vella-Brodrick, D. A., Gray, A., & Swain, N.（2019）. Teachers matter: Student outcomes following a strengths intervention are mediated by teacher strengths spotting. *Journal of Happiness Studies*, *20*(8), 2507-2523.
Schein, E.H.（1978）. *Career Dynamics: Matching individual and organizational needs*. Reading, MA: Addison Wesley.（シャイン，E. H.　二村敏子・三善勝代（訳）（1991）．キャリア・ダイナミクス　白桃書房）
曽山いづみ（2014）．新任小学校教師の経験過程──1年間の継時的インタビューを通して──　教育心理学研究, *62*(4), 305-321.
杉原真晃（2012）．新人教員の苦悩に対して教員養成には何ができるか──リアリティ・ショックを想定した教員養成のあり方──　山形大学大学院教育実践研究科年報, *3*, 40-50.
高橋誠（2016）．性格特性的強みを活用する介入的実験における「注目」の効果──強みの活用過程における理論的モデルの検証──　東京学芸大学大学院博士学位論文
高橋誠・森本哲介（2021）．教員養成課程の学生が持つストレングススポッティングに関する探索的研究──教師効力感・教師リーダーシップとの関連ならびに現職教員との比較──　学校メンタルヘルス, *24*(1), 24-32.
高橋誠・森本哲介（2022）．バーンアウト状態の教員は子どもの強みを引き出せるのか？──小学校教員のバーンアウトがストレングス・スポッティングと賞賛行動に与える影響──　日本教育心理学会総会発表論文集 第64回総会発表論文集, 306.
楊川（2007）．女性学校管理職のキャリア研究の再検討　教育経営学研究紀要, *10*, 85-94.

第6章

教師のメンタルヘルス

➡ ワーク8　ブレイン・ストーミングによる問題解決（p.172）
➡ ワーク9　認知再構成法（p.175）

> 本章を学ぶおもしろさ
>
> 　教員という仕事は、日々児童・生徒と触れ合いながら彼らの成長を見届ける、非常にやりがいの大きい仕事である。しかし、一方で、教員の仕事は負荷が大きくもあり、関わる関係者が多いことからストレスの多い仕事でもある。このような状況下で、教員の休職も近年問題視されている。そこで、本章ではまず、教員という仕事につきまとうストレスについて説明する。その後、それらのストレスに対して一人ひとりがどのように取り組むべきかを解説する。ストレスのしくみを理解することで、その対処法を身につけ、教師という仕事本来のやりがいを実感できるようになることが本章の目的である。

6.1 教師のメンタルヘルスを取り巻く状況

令和4年度の公立学校教員の精神疾患による休職者は6,539人（全教員の0.64％）であり、2年連続で過去最多となっている（文部科学省, 2023a）。このように教師のメンタルヘルスを取り巻く環境は非常に厳しい状況と言える。

現在の教員のメンタルヘルスの悪化には、勤務時間の増加や業務の複雑化が影響していると考えられる。例えば、2017年3月改訂の学習指導要領では、外国語教育やプログラミング教育の重視やアクティブラーニングの導入などが組み込まれている。加えて、2019年から文部科学省が取り組んでいる「GIGAスクール構想」も、学校現場におけるICTの活用と個別最適化した学びの実現に影響している。このような変化に即した教育を行うためには、教員自身も業務のやり方を変えていくことが求められている。

教員の業務の変化は業務量の増大をもたらしている。例えば、教員勤務実態（小・中学校）報告書では、時期にもよるが小・中学校の教員全体の一日あたりの平均残業時間および業務の持ち帰り時間は概ね2時間を超えている（文部科学省, 2023b）。厚生労働省（2023）が発表する一般労働者の一日あたりの平均残業時間が40分程度であることから、教員の負荷がいかに大きいものであるかが伺える。また、「公立小学校・中学校等教員勤務実態調査研究」では1週間あたりの労働時間の増加に伴い心理的ストレスや睡眠の問題が増加することを示している（株式会社リベルタス・コンサルティング, 2018）。

このような教員という仕事の負荷の大きさが、教員のメンタルヘルスを悪化させていると考えられる。

[1] 感情労働者としての教員

教員のメンタルヘルスを考えるためには、教員という仕事の負荷の大きさだけでなく、その性質も理解する必要がある。一般的な労働の分類方法として、頭脳労働と肉体労働、ホワイトカラーとブルーカラーなどがある。教員をはじめとする対人援助職の多くは**感情労働**に分類される（Hochshild, 1983 石川・室伏訳 2000）。感情労働とは「公的に観察可能な表情と身体的表現をつくるために行う感情の管理」と定義され、相手の適切な心の状態を喚起させるように、自分

自身の感情を引き起こしたり、抑制したりすることを要求される業務とされる（Hochshild, 1983 石川・室伏訳 2000）。

　教員は、同僚・上司、児童・生徒、保護者や地域社会との関わりのなかで、自らの感情を制御し業務を行う必要がある。例えば、児童生徒の前では疲れていても笑顔を絶やさないこと、「自分のため」よりも「児童生徒のため」を優先にして行動すること、反抗的な児童生徒や理不尽な保護者に対しても怒りを抑えて冷静に対応することなどが挙げられる。そのような労働環境のなかで、教員の業務は際限がなくなりやすいこと、切り替えが困難であること、計画的に進めにくいことなどが課題として挙げられる。そしてこのような環境下では、**バーンアウト**が発生しやすいと考えられる（久保, 2004）。

[2] 教員のバーンアウト

　バーンアウトとは、燃え尽き症候群とも呼ばれ、過度で持続的な**ストレス**に対処できずに、張りつめていた緊張が緩み、意欲や野心が急速に衰えたり乏しくなったりしたときに表出される心身の症状である（久保・田尾, 1992）。バーンアウトには、次の3つの側面がある。

①情緒的消耗：心身が疲れ果て何もしたくない、もしくは仕事を辞めたいという気分・感情の状態
②脱人格化：同僚等業務上関わる人物に対する無配慮、無関心、拒否感が高まるなど、温かみのある関わりができなくなる状態
③個人的達成感の低下：やるべき仕事をやったという達成感を感じにくくなり、仕事の喜びや楽しさが感じられなくなったりする状態

　対人援助職の多くは前節で述べた感情労働に該当し、多くの関係者からさまざまな役割を期待される。そのため、教員を含む対人援助職のバーンアウト率は一般職種のバーンアウト率と比べて高いとされている。

6.2 職業性ストレスモデルによるストレスの理解

　教員のメンタルヘルスと関連するストレスについても理解する必要がある。我々は日常的にストレスという言葉を用いるが、実はその意味をよく知らずに用いていることも多い。ストレスにはさまざまな定義があるが、厚生労働省（2021）は、「ストレスとは外的な刺激などによって生じる反応であり、原因となる外部刺激を**ストレッサー**、それによって生じる反応を**ストレス反応**と呼ぶ。一般的に『ストレス』と言った場合にはストレッサーとストレス反応を合わせた呼称であることが多い」としている。

　職場内外のストレスが心身に対する影響を示すモデルとして米国労働安全衛生研究所（NIOSH:National Institute of Occupational safety and Health）による**NIOSH 職業性ストレスモデル**（Hurrell & MmcLaney, 1988）が挙げられる（**図6-1**）。このモデルでは、職業性ストレッサーは急性反応へ影響を与え、その影響は職業外要因、個人内要因、緩衝要因といった要因によって増減される。そして、蓄積した反応によってさまざまな疾患が発生すると考えられる。必ずしもストレッサーの存在が精神疾患発症の引き金となるわけではないが、ストレッサーと精神疾患の発症・悪化との関係を理解する一助となるだろう。以下では、それぞれの構成要素について説明をしていく。

[1] 職業性ストレッサー

　厚生労働省（2009）は、職場内のストレッサーとして、**表6-1**の七つの類

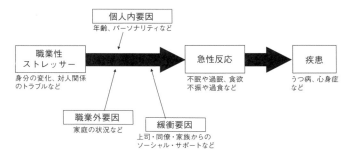

図6-1　NIOSH 職業性ストレスモデル（Hurrell & MmcLaney,1988 をもとに作成）

型を挙げている。心理的負荷強度Ⅰは日常的に経験するできごとで一般的に問題とならない程度の負荷、心理的負荷強度Ⅲは人生のなかでまれに経験する強い負荷、心理的負荷強度Ⅱは両者の中間に位置する負荷である。この心理的負荷の強度は、あくまで多くの人間が感じる平均的な強度である。実際には、個々の事象によって強度は修正されうるため、一つの目安として考えるとよいだろう。

1）事故や災害の体験　　学校内で起こる事故等については、その対応に教員があたることが多いだろう。また、大きな自然災害が発生した場合には、学校が地域の避難所に指定されていることが多く、学校の教員は自らが被災者と

表 6-1　職場における心理的負荷評価表 (厚生労働省, 2009 より)

できごとの類型	具体的できごと	平均的心理的負荷の強度 Ⅰ	Ⅱ	Ⅲ
①事故や災害の体験	重度の病気やケガをした			☆
	悲惨な事故や災害の体験（目撃）をした		☆	
②仕事の失敗、過重な責任の発生等	交通事故（重大な人身事故、重大事故）を起こした			☆
	会社の経営に影響するなどの重大な仕事上のミスをした			☆
	会社で起きた事故（事件）について、責任を問われた		☆	
	違法行為を強要された		☆	
	研修、会議等の参加を強要された	☆		
	大きな説明会や公式の場での発表を強いられた		☆	
③仕事の量・質の変化	仕事内容・仕事量の大きな変化を生じさせる出来事があった		☆	
	勤務・拘束時間が長時間化する出来事が生じた		☆	
	勤務形態に変化があった	☆		
	仕事のペース、活動の変化があった	☆		
④身分の変化等	退職を強要された			☆
	出向した		☆	
	早期退職制度の対象となった	☆		
⑤役割・地位の変化	配置転換があった		☆	
	自分の昇格・昇進があった	☆		
⑥対人関係のトラブル	ひどい嫌がらせ、いじめ、又は暴行を受けた			☆
	上司とのトラブルがあった		☆	
	同僚とのトラブルがあった	☆		
⑦対人関係の変化	理解してくれていた人の異動があった	☆		
	同僚の昇進・昇格があった	☆		

注）具体的出来事に対する平均的な心理負荷の強度は☆で表現しているが、この強度は平均値である。

なるだけではなく、避難所の運営に従事する可能性も考えられる。

2）仕事の失敗や過重な責任の発生等　学校内で起こる事故やいじめ等の問題については教員の責任が問われることもあり、これらも大きなストレッサーとなるだろう。また、教員という仕事では、勉強会や講演会への参加、説明会や公的な場での発表を求められることも多く、これらもストレッサーとなることが考えられる。

3）仕事の量・質の変化　先述のとおり、教員は社会の変化に応じた学習指導要領の改訂などによって、教育方法を変化させることが求められる。また、教員の職業的特徴（1章参照）ゆえに、日常的な学校業務のなかでも、仕事内容・仕事量の大きな変化を生じさせるできごとが度々起こる（児童・生徒間のトラブル、保護者対応など）。教職の多忙化・長時間労働が問題視されている現状では、教員にとってこれらの変化は大きなストレッサーとなっていると言える。

4）身分の変化等　教員は民間の労働者とは異なりその身分が保障されているため、原則、リストラなどによって退職を強要されることはない（2章参照）。一方で、国立学校と公立学校の間での教員の出向や都道府県間での公立学校教員の出向などはありうる。ほかには、長期派遣研修として大学院進学や企業派遣などをする場合もある（4章参照）。基本的に、これらの出向や派遣は本人の希望に沿って実施されるが、本人の希望しない出向や派遣であればストレッサーとなる場合もあるだろう。

5）役割・地位の変化　公立学校の教員では、雇用されている自治体の管轄地域内で定期的な勤務校の異動（配置転換）や、教育委員会への異動などがある。また、それらの異動に伴って、新たな業務や責任を課せられることもある（例えば、管理職への昇進など）。役割や地位の変化といったストレッサーは、教職のキャリア形成プロセスにおいて経験頻度の高いものと言える。

6）対人関係のトラブル　教員は上司・同僚だけでなく、児童・生徒、保護者、地域社会など、接する人間の数が多く、必然的にトラブルを経験する可能性も多くなるだろう。また、トラブルだけでなく、対人関係のなかでの感情の制御も、教員にとってストレッサーとなることが考えられる。

7）対人関係の変化　教員は異動が多い職種である。そのため、自身の理解者となる同僚・上司ができても、数年でどちらかが異動となることが多い。これも公立学校の教員にとっては経験しやすいストレッサーであると言えるだろう。

[2] 職業外要因

　職業外の要因について、厚生労働省（2009）は6つの類型を挙げている（**表6-2**）。**表6-2**の心理的負荷の強度の見方は**表6-1**と同様である。職業性ストレッサーの強度自体は強くなくても、職業外要因の負荷が強い場合には注意が必要である。

[3] 個人内要因

　個人内要因として、NIOSH職業性ストレスモデルでは、①年齢、②性別、③パーソナリティなどが例として挙げられている。

　1）年齢について　　発達の観点と絡めて考える必要があるだろう。教員としてのキャリアは20代～60代までの長期間続いていく。そのため、各年代における発達の課題（例えば、若い世代にとっての職業人としてのアイデンティティ確立や、中年期以降における心身の衰えを受容することなど）や、経験しやすいライフイベント（結婚や出産）なども考慮する必要があるだろう。

表6-2　職場以外の心理的負荷（厚生労働省，2009より）

出来事の類型	具体的出来事	平均的心理的負荷の強度 Ⅰ Ⅱ Ⅲ
①自分の出来事	離婚又は夫婦が別居した	☆
	自分が病気やケガをした	☆
	夫婦のトラブル、不和があった	☆
②自分以外の家族・親族の出来事	配偶者や子供、親又は兄弟が死亡した	☆
	親が重い病気やケガをした	☆
	家族が婚約した又はその話が具体化した	☆
③金銭関係	多額の財産を損失した又は突然大きな支出があった	☆
	収入が減少した	☆
	住宅ローン又は消費者ローンを借りた	☆
④事件、事故、災害の体験	天災や火災などにあった又は犯罪に巻き込まれた	☆
	交通事故を起こした	☆
⑤住環境の変化	騒音等、家の周囲の環境（人間環境を含む）が悪化した	☆
	家屋や土地の売買をした又はその具体的な計画がもち上がった	☆
⑥他人との人間関係	友人、先輩に裏切られショックを受けた	☆
	失恋、異性関係のもつれがあった	☆

2）性別について　教員勤務実態調査（文部科学省，2017）の結果からは、女性教員が男性教員に比べてメンタルヘルスの状態が不良であることが報告されている。これは女性のほうがホルモンバランスなどの影響を受けやすいという生物学的要因に加え、出産、育児などの社会的要因が影響していると考えられる。

3）パーソナリティについて　パーソナリティはストレッサーの経験頻度や心身への影響に関連することが指摘されている（Bolger & Zuckerman, 1995）。例えば、うつ病と関連するパーソナリティとして、生真面目、几帳面、完璧主義といったメランコリー親和型性格（Tellenbach, 1976 木村訳 1978）が挙げられるが、この性格の人物の作業量が何らかの理由で低下し、本人が思うほどの成果を挙げられないとき、ストレッサーからの悪影響は増大すると考えらえる。

[4] 緩衝要因

　緩衝要因とは、ストレッサーからの影響を軽減させる効果をもつ要因である。NIOSH職業性ストレスモデルではこの緩衝要因として、上司、同僚、家族からのソーシャル・サポートが挙げられている。**ソーシャル・サポート**とは、対人関係と心身の健康に関する研究から生まれた概念である（浦，1992）。ソーシャル・サポートの統一された定義は存在せず、個々の研究によって測定している側面は異なるが、良好な対人関係や周囲からの支援的な行動は心身の健康に対して肯定的な影響を与えることが報告されている（Cohen, Underwood, & Gotlieb, 2000 小杉・島津・大塚・鈴木訳 2005）。一方で、ソーシャル・サポートの欠如は、メンタルヘルスが悪化した者にとって職場適応の困難を生じさせると考えられ、メンタルヘルスの悪化のみならず、その回復を妨げるとも考えられる。

　また、ある時点において十分にソーシャル・サポートを得られているからと言って安心できるわけではない。なぜならば、ソーシャル・サポートは対人関係から得られる援助であり、対人関係は流動的に変化するからである。特に公立学校の教員は定期的に異動があるため、それまで理解者であった上司や同僚の退職や異動、家族との関係の変化などは、生活のなかで容易に生じうるイベントである。

[5] 急性反応と疾患

急性反応とは職業性ストレッサーによって生じる、生理的、心理的、行動的なストレス反応である。

- 生理的反応：不眠や過眠等の睡眠の問題、食欲不振や過食等の食欲の問題、便秘や下痢等の消化器系の問題、肩こりや頭痛等身体に表現される症状である。
- 心理的反応：苛立ちや落ち込み、不安などの感情的問題、悲観的思考や罪責的思考など認知的問題が含まれる。
- 行動的反応：業務の質や量が低下する、日課として行っていた活動ができなくなる、冗談を言い合うことができなくなるといった、第三者からも観察可能な反応である。

これらの反応が職業性ストレッサーに対する一過性の反応であるのか、それともうつ病などの精神疾患の前兆となる症状なのかを判断する必要がある。例えば、吉野・松崎（2011）は、憂鬱な気分と意欲の減退の2つをうつ病の主症状としている。憂うつな気分とは気持ちが暗くなることであり、意欲の減退とは、やる気や感動、喜びや興味が感じられないことである。それらの主症状に加えて、不眠や食欲の低下、性欲の低下、全身の倦怠感など身体症状や自律神経症状（動悸、めまい、吐き気など）があるときはうつ病の疑いがあるとしている。これらの兆候が見られた際には、持続期間や発生状況を考慮し、少しでも精神疾患の存在が疑われる場合、医療機関の受診などの対応が必要となる。

6.3 メンタルヘルスの予防

ここからはメンタルヘルスへの予防的活動を考えていく。メンタルヘルスの予防的活動は大きく**一次予防、二次予防、三次予防**に分類される。ここではこの3種の予防活動について説明を行う。

1）一次予防　一次予防とは、疾患や障害が発生しないように対策することである。メンタルヘルスの一次予防としては、精神疾患の発症に影響する各種のストレッサーに対する環境調整や、個々の教員の**セルフケア**の拡充がこれ

にあたる。

2）二次予防　二次予防とは、疾患が発生した際に早期発見、早期対応により重篤化させないための予防である。仮に環境調整を万全に行っていたとしても、内因性のうつ病のように、確たるストレッサーなしに精神疾患が引き起こされることがある。そのため、環境調整だけではなく、疾患が疑われた際にいち早く対応することが重要となる。

3）三次予防　三次予防とは、重篤化した疾患から社会復帰するための予防である。例えば、うつ病は再発率の高い疾患であることが知られており（大野, 2000）、特に職場復帰の際には、心身に負荷がかかることから、症状の再燃、悪化の可能性もある。そこで、リワークプログラムなどの職場復帰に向けたプログラムを医療機関等で行うことが重要となる。また、医療機関でのリワークプログラムに加え、各自治体において復職支援プログラムが実施されている。自治体によって内容は異なるが、リハビリ的に段階を踏んで復職ができるようプログラムが構成されている。

6.4　セルフケア

メンタルヘルスの一次予防として、まずは教員各自が取り組む**セルフケア**が必要となる。セルフケアでは、教員一人ひとりが、自身の抱えるストレッサーへの対処や生じているストレス反応に、自分で気づき対応することが求められる。ここでは、**ストレッサーに対する対処（ストレス・コーピング）**について説明し、その後教員が行うべきセルフケアについて考えていく。

[1] ストレッサーへの対処（ストレス・コーピング）

私たちがストレッサーを経験したとき、誰しもが同じように反応するわけではない。では、このような違いはどこから生まれるのだろうか。ストレス反応は私たちがどのようにしてストレッサーに対処しているかによって異なってくる。中野（2011）は、ストレスへの対処として大きく**問題中心対処**と**情緒中心対処**を挙げている。

1）問題中心対処　ストレッサーに対する問題中心対処とは、問題を明ら

かにし、いくつもの解決方法を考え、そのなかで最も有効でリスクの少ない方法を見出し、実行することである。問題中心対処は、ストレッサーとなっている状況を変えることだけではなく、自分自身を変えることも含まれている。例えば、発達障害を抱えるなど対応が難しい生徒の指導をする際に、発達障害の特性を学ぶ、指導の経験のある教員に助言をもらうなどの対処である。

2）情緒中心対処　情緒中心対処とは、状況や終末の意味をとらえなおし、その状況を受け入れることで、精神的安定を保つことである。情緒中心対処は、悪い結果のなかにもよい結果を見出そうとしたり、より悪い事態と比較することで現状に対して満足し、情緒を安定させたりする。例えば、発達障害を抱える生徒への対応がそのときはうまくいかなかったとしても、自身の教員としての経験が増したと状況をとらえなおし、自信を回復させるなどの対処である。

3）両者の併用・使い分け　問題中心対処と情緒中心対処のどちらが効果的な対処方法であるかは、直面しているストレッサーの状況によって異なってくる。例えば、生徒指導のように本人の努力や工夫によって変えることのできる問題に対しては、問題中心対処を行うことで、個人として成長を促進すると考えられる。しかしながら、人が直面する問題は必ずしも努力によって改善できるものであるとは限らない。例えば、希望しない出向などは本人の努力で問題そのものが改善する可能性は低いと考えられる。このように努力ではどうにもならない問題に対しては、教員としての経験の向上の機会ととらえ、それを受け入れる情緒中心対処が有効となる。まずは自分が直面している問題がどのような性質を有しているのか、冷静に見極める必要があるだろう。

また、ストレッサーに対する見方は、一人で抱えていると固定化してしまうことも考えられる。そのため、同僚教員やスクール・カウンセラーなどとチームを組んで対応することも重要になるだろう。

[2] ストレスとのつき合い方

ここからはストレスとのつき合い方について説明していく。まずはストレスのメカニズムについて自分自身に当てはめて理解する必要がある。例えば、異動の時期や学校内で予期せぬ事故に遭遇した際などは明確なストレッサーとして認識しやすく、対策も考えやすいだろう。しかし、ときに自分でも気づかないうちにストレッサーを経験することもある。そのような場合は自身のストレ

ス反応に着目して考えるとよいだろう。ストレス反応のうち、心理的反応や行動的反応は意外と自分では気づきにくく、他者に指摘されて気づくことも少なくない。そこで、自身のストレスに気づくためには、まず生理的反応に注目する必要がある。ふだんから自身の睡眠（寝つきが悪くなった、朝すっきり目覚められない）や食欲（食欲がない、胃に不快感がある）等を観察しておき、それらの変化をサインに、自身にとってのストレッサーが何であるかを振り返ってみるとよいだろう。

[3] 問題中心対処を考える

　自分にとってのストレッサーを特定できたら、次にその問題解決について考えたい。ここでは、認知行動療法[*1]で用いられる**ブレイン・ストーミング**による**問題解決法**を紹介する。ブレイン・ストーミングは、会議等で用いられる思考法の一つである。私たちは問題解決のアイディアを考える際に、何かアイディアが閃いたとしても「これは無駄だ」、「できない」などと評価してしまい、たとえよいアイディアでも深く吟味せずに自分自身でその芽を摘んでしまうことがある。そこで、ブレイン・ストーミングでは以下2つの原則にもとづき、新しいアイディアを創出していく。

　1）判断延期の原則　　先述のとおり、私たちはアイディアを思いつくと同時にそのアイディアについて、「これは無駄だ」、「できない」と評価してしまい、考えることを放棄してしまう。そこで、ブレイン・ストーミングでは、アイディアを生み出す段階と評価する段階を切り分けて考える。最初は馬鹿げて思えるアイディアも他のアイディアと組み合わせることで、思わぬ効果を生む場合がある。そのため、どんなにくだらないと思えるアイディアでも必ず書きとめていく必要がある。

　2）数の原則　　数の原則とは、生み出されるアイディアは多ければ多いほどよいという原則である。1、2個のアイディアだけで考えようとすると問題解決にむけた思考の幅が広がりにくい。そこで、まずはアイディアの数を増やすことに注力する。

　その後は、アイディアの一つひとつについて評価を行う。評価の際には、ま

[*1] 認知行動療法とは、人間の考え方や行動の変容を目的とする心理療法である。

ず実行可能性と有効性の2つの点から考える。実行可能性とはそのアイディアが今の自分にとって容易に実行できるかの評価である。一方、有効性とはそのアイディアが設定した目標に対して有効であるかの評価である。それらの評価をもとにアイディアの総合的な評価を行う。その後はブレイン・ストーミングを通じて生み出されたアイディアをもとに行動計画を立て、それを実行・評価することで問題解決を図っていく。

[4] 情緒中心対処を考える

ストレッサーに対する情緒中心対処として、**認知再構成法**を紹介する。認知再構成法は、認知行動療法の中心的な技法である。認知再構成法の考え方は次のとおりである。

ある状況下で生じる私たちの気分や感情は、そのできごとに対する個人の認識や解釈、意味づけ（すなわち、認知）によって大きく異なる。通常、私たちは「こう考えてやろう」と自覚的に認知するのではなく、深く考えずに認知を行っている。そのためこの認知は自動思考とも呼ばれる。図6-2に自動思考の基本的なモデルを示す。

認知再構成法は、この自動思考（認知）に焦点をあてる。私たちを落ち込ませたり、不安にさせたりする認知は、必ずしも現実を客観的にとらえているわけではなく、ネガティブな方向に偏っていることも少なくない。認知再構成法は自分がそのような認知をした理由や見落としている点、他の解釈の可能性を考え、自覚的に認知を広げていく方法である。例えば、図6-2のようなSNSに対して反応がなく落ち込んでしまっている状況であれば、「自分は嫌われている」のようにネガティブな自動思考が存在している可能性がある。そこで、

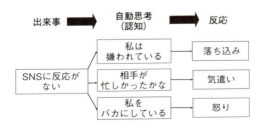

図6-2　自動思考の基本モデル

SNSに反応できない状況を冷静に考え、「忙しくてSNSをチェックする余裕がないのかな」など他の可能性を検討するなど、自分の認知を見直すことで気分の改善を図る方法である。

6.5 学校組織の対応

　本章では、教員のメンタルヘルスの問題について解説をした。特に、これから教員をめざす読者のためにセルフケアを中心に説明してきたが、最後に学校という組織におけるメンタルヘルスケアについて述べる。

　厚生労働省は「労働者の心の健康の保持増進のための指針」（メンタルヘルス指針、2006年策定、2015年改訂）を定め、民間企業では労働者の心の問題への対応指針として、職場におけるメンタルヘルス対策を推進している。多くの民間企業ではこの指針に則ってメンタルヘルスへの対応を行っている。この指針では、企業は、

①セルフケア
②ラインによるケア（上司、管理者による部下へのケア）
③事業場内保健スタッフ等によるケア（産業医や衛生管理者など）
④事業場外資源によるケア（外部の医療機関や相談機関など）

の4つのメンタルヘルスケアによって労働者の心の健康の保持増進を行うことが求められている。つまり、労働者のメンタルヘルスケアにはセルフケアだけではなく、組織そのものが体制を整えることが求められている。

　教員のメンタルヘルスについても同様のことが言えるだろう。つまり学校や教育委員会といった教員を取り巻く組織ぐるみで対応する必要がある。令和4年度の教員勤務実態調査は平成28年度と比較して、各学校での働き方改革の取り組み状況での改善を示しており、この動きはますます拡充していくと考えられる。例えば、愛媛教育委員会では「愛媛県教職員　こころの健康づくり計画」を策定し、先述の4つのケアを推進させる取り組みを行っている（愛媛県教育委員会, 2022）。このように、民間企業に比べると緩やかではあるが、教職員のメンタルヘルスへの組織だった取り組みがなされ始めている。今後は、教員一人

ひとりがメンタルヘルスへの理解を深めるとともに、学校という場で組織だった対策がますます発展していくことが望まれる。

文　献

Bolger, N., & Zuckerman, A.（1995）. A Framework for Studying Personality in the Stress process. *Journal of Personality and Social Psychology*, 69（5）, 809-902.

Cohen, J., Underwood, L. G., & Gotlieb, B. H.（2000）. Social relation and Health. In J. Cohen, L. G. Underwood & B. H. Gotlieb（Eds.）, *Social support measurement and intervention: A guide for health and social scientists*（pp.311-334）. Oxford university press，（ルーク，K.S., & アンダーウッド，L.G., 小杉正太郎・島津美由紀・大塚泰正・鈴木綾子（監訳）（2005）. ソーシャル・サポートの測定と介入　川島書店）

愛媛県教育委員会（2022）. 愛媛県教職員　こころの健康づくり計画　https://ehime-c.esnet.ed.jp/kouseishitsu/file/R3kokoronokenkoudukurikeikaku.pdf

Hochschild, A. R（1983）*The managed heart: Commercialization of human feeling*. University of California Press.（ホックシールド，A. R. 石川准・室伏亜希（訳）（2000）. 管理される心――感情が商品になるとき――　世界思想社）

Hurrell, J.J., & MmcLaney, M.A.,（1988）. Exposure to job stress; A new psychometric instrument. Scandinavian. *Journal of work environment Health*, 14, 27-28.

株式会社リベルタス・コンサルティング（2018）.「公立小学校・中学校等教員勤務実態調査研究」調査研究報告書

厚生労働省(2006).労働者の心の健康の保持増進のための指針

厚生労働省(2009).心理的負荷による精神障害等に係る業務上外の判断指針

厚生労働省(2021). e-ヘルスネット https://www.e-healthnet.mhlw.go.jp/information/dictionaries/heart

厚生労働省(2023).　毎月勤労統計調査　令和4年分結果概報

久保真人・田尾雅夫(1992).　バーンアウトの測定　心理学評論, 35（3）, 361-376.

久保真人(2004).バーンアウトの心理学―燃え尽き症候群とは　サイエンス社

文部科学省(2017).　教員勤務実態調査（平成28年度）

文部科学省(2023a).教員勤務実態調査（令和4年度）の速報値について

文部科学省(2023b).　令和4年度公立学校教員の人事行政調査について https://www.mext.go.jp/a_menu/shotou/jinji/1411820_00007.htm

大野裕(2000).「うつ」を治す　PHP研究所

Tellenbach, H.（1976）. *Melancholie*. Springer.（テレンバッハ, H. 木村敏（訳）（1978）. メランコリー　みすず書房）

浦光博(1992).支え合う人と人――ソーシャル・サポートの社会心理学――　サイエンス社．

吉野聡・松崎一葉(2011).働く人のメンタルサポート――よくわかる新型うつ――　現代健康出版

第Ⅲ部

公教育の動向を知る

第7章

日本の学校教育をみつめる歴史的視座

➡ ワーク10 「教育実践の遺産」に学ぶ（p.178）

㊗本㊗章㊗を㊗学㊗ぶ㊗お㊗も㊗し㊗ろ㊗さ

　教育現場では、最新事情のキーワードが絶え間なく降ってくる。小手先だけのその場しのぎにならないためにはどのようにすればよいか。「過去」からの時間軸と国際的な広い視野があることで、確かな鑑識眼をもって「いま・ここ」をとらえ、「未来」を展望することができる。

　本章では、学校教育の「いま・ここ」をつかむための歴史的視座として江戸から大正期までの教育史を概観する。「学び」の場が日本社会でどのように位置づいて、その場でどのような「学び」が紡がれてきたのか。これまで筆者の研究活動のなかでインタビューした教師たちは、日本の実践史を代表する木下竹次、斎藤喜博、東井義雄などの名前をあげ、授業づくりを模索するなかで「歴史を学ぶ」ことの重要性を語ってくれた。本章を通じて、「いま・ここ」につながる歴史的視座を見通しながら、一人の「学び手」として「歴史を学ぶ」意義を見出せるようになってほしい。

7.1 はじめに——なぜ「歴史を学ぶ」のか

　なぜ「歴史を学ぶ」のか。この章を担当する筆者が高等学校（高校）や高等専門学校（高専）で歴史の授業を担当していたとき、必ず受けた質問がある。それは、「先生、教科書の太文字を覚えておけばよいですか」というものである。自らが受けた歴史の授業を想起したとき、「試験制度と結びついた」歴史教育、いわば「歴史感覚と何ら関係のないことを一生懸命暗記する」学習の経験を思い浮かべた方もいるかもしれない（丸山・加藤, 1998）。

　上記のようなとらえ方では、歴史は「現在」と隔絶したものであり、学習者にとって文脈性のない無機質なものになってしまう。では、「歴史を学ぶ」意義をどのように説けばよいだろうか。木畑洋一（2022）は、「歴史のひだのどこかに注意してみることが、『今』を生きる私たちの足元をより確かなものにしてくれるであろう」と述べている。私たちは「過去」からの時間軸の蓄積の上に立っており、国際的な広い視野（横軸としての国際比較）があることで、はじめて「現在」を深くとらえ、よりよい「未来」を展望することができる。平田諭治（2019）は、「実践や現場から距離を置いた教育史の知を欠いたら、教育の『いま・ここ』をみつめなおす手がかりは失われてしまう」ため、「改革主義にとらわれ、視野狭窄に陥りがちな現代だからこそ、学問研究に裏づけられた歴史的な見方と考え方が大切である」と述べている。

　ここで、教師自身の立ち位置を考えたとき、絶え間なく降ってくる最新事情のキーワードに惑わされることなく、創造的な教育実践を日々模索していかなければならない。教師も一人の「学び手」[*1]として「歴史を学ぶ」意義を見出すことで、「いま・ここ」を深くとらえることができ、その視座が「**主体的・対話的で深い学び**」に立脚した創造的な授業展開の具現化にもつながってくるといえる。

　以上の背景をふまえながら、本章では、日本における学校教育の「いま・ここ」をつかむための歴史的視座として、江戸から大正期にかけての教育史を概

---

*1　「令和の日本型学校教育」答申（令和3年1月）では、「教師が技術の発達や新たなニーズなど学校教育を取り巻く環境の変化を前向きに受け止め、教職生涯を通じて探究心を持ちつつ自律的かつ継続的に新しい知識・技能を学び続け」る重要性が記されている。

観する。日本社会のなかで教育の場がどのような位置づけにあったのか。そのなかで「学び」という営みがどのように紡がれてきたか。本章で取り上げる歴史的過程のなかで、今日につながる学校教育の制度がどのように構築されてきたのか。これらの問いに対する見識は、最新事情のキーワードだけを追っていては不十分である。歴史的視座と国際的視座の二軸を得ることで、確かな鑑識眼をもって「いま・ここ」をとらえることができる。以下では、裾野の広さをもった江戸時代の教育の姿から取り上げていき、近代への連続と断絶に注意しながら、明治・大正期の教育史を順にひもといていく。

7.2 江戸時代の教育

　戦乱の世を鎮めて、平和の世を追い求める。松平氏の菩提寺である大樹寺（愛知県岡崎市）には「厭離穢土・欣求浄土」の言葉が掲げられている。桶狭間の戦いで今川義元が討ち取られ、織田信長につく軍勢に追われていた徳川家康（松平元康）に、大樹寺の住職が「厭離穢土・欣求浄土」の言葉を教え授けたとされている。この「厭離穢土・欣求浄土」の言葉は徳川軍の旗印にも記され、乱世を終わらせ天下太平を願う象徴となった。

　徳川が政権を担った江戸時代に入ると、武士は「治者としての役割」とともに、「公平と正義を重んじる道義的な存在としての武士像」が求められるようになった（沖田, 2011）。いわば、戦いのための「武」が第一義的なものではなくなり、武士は「文」も合わせもつために学問を修めることが重要視されるようになった。

　江戸時代中期以降になると、武士だけではなく、一般庶民にも「学び」の場が普及し、印刷技術の向上と商業出版の確立を背景に「学び」の場を支えるテキストも増加していった（鈴木, 2007; 辻本, 2011）。士農工商の身分社会であったため、互いに区別があったものの、江戸時代を通じて庶民の層にも読み・書きの基礎が普及したのは広範な「学び」の場と印刷物の増加が大きく関係しているといえる。以下では、**藩校**、**寺子屋**（**手習塾**）、**私塾**を順に取り上げ、江戸時代における「学び」の様相をみていく。

[1] 藩　校

　徳川家康に招かれた林羅山は1630年に林家塾を開いた。この林家塾は幕府の教育機関としての性格を帯びるようになり、朱子学[*2]を官学として位置づけるうえで大きな役割を果たした。

　諸藩の**藩校**は、当初、それほど数は多くなく、つくられたとしても学問の奨励が第一の目的であった。18世紀に入ると、藩校の数も増えるとともに、「学び」の場として、その性格が変容してくる。単に学問の奨励だけではなく、「藩政改革の一環と位置づけられ、藩のさまざまな問題を処理し、危機を克服しうる強靭な精神力と強い責任感と能力を持った青年を育成することが、藩の命運に関わることと認識され」るようになった（沖田, 2011）。

　例えば、津和野藩（現 島根県津和野町）では、藩主である亀井茲監のもとで藩校養老館の改革が展開された（松島, 1994; 山岡, 2018）。藩校養老館では、幕府が朱子学を正学とするなかで、国学者の岡熊臣を招いて国学を藩校教育の中軸にすえた（張, 2002）。江戸への遊学制度も整備され、藩政を支える有用な人材の育成がめざされた。津和野の地で文教改革に力点がおかれたのは、長州藩（関ヶ原の戦い以降に家臣となった外様）と浜田藩（徳川家の一族である親藩）にはさまれるなかで、激動する幕末の政局を生き抜くためでもあった。小藩ながらも津和野からは、「哲学」の祖である西周や明治を代表する文豪の森鷗外など明治時代にも活躍する人材が多く巣立っていった。その思想形成には幕末期養老館での「学び」が大きな役割を果たしたといえる。

[2] 寺子屋

　庶民の「学び」の場となったのが**寺子屋**である。**手習塾**ともいわれる。子どもたちは師匠のもとで読み・書き・計算の基礎を学んでいく。さらには、村共同体、若者組との重層的な相互連携のなかで、子どもたちは「一人前」になるための礼儀を身につけていく（高橋, 2007）。

　図7-1は寺子屋の授業風景である。机の向きは一様ではなく、一見すると

[*2] 朱子学は、宋代の朱熹らによって大成された思想体系である。「上下定分の理」など「身分社会の基礎づけの面だけが強調され」るが、その一方で「世俗社会の倫理」として「知的啓蒙」をもたらし、「潜在的近代性」ともいえる「近代国家制度を樹立するための基礎的な知的準備」の役割を果たしたといわれている（源, 2021）。

図 7-1 寺子屋の授業風景
（歌川花里「文学万代の宝」，弘化年間：1844
～1848 頃，東京都立中央図書館所蔵）

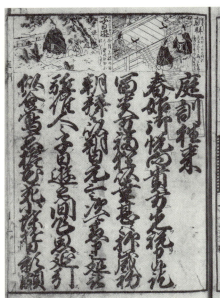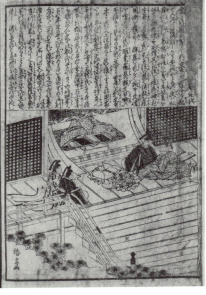

図 7-2 往来物（庭訓往来寺子宝，安政2：1855 年，東京都立中央図書館所蔵）

秩序がないように見える。しかし、寺子屋での「学び」とは、個別学習を原則とした構成であり、手本を真似て習熟するという形であった（辻本, 2012）。寺子屋の師匠は人格形成に向けて礼儀もしつけていたため、規律ある「学び」の場が成立していた。教材として広く用いられたのが、**図 7-2** にあるような**往来物**である。なかでも、『庭訓往来』は中世（特に室町時代）から用いられており、往復書簡の形をとっていたことから往来物と呼ばれた。地域や職業に即した多種多様な教材が作成され、子どもたちは往来物を通じて社会への理解を深めるとともに、読み・書きの基礎から文書作成の能力を身につけていった。往来物は明治時代の近代学校教育制度が整備されるまで広く用いられ、「教材の基本形」として中世から「およそ 800 年以上にもわたって継続した点」で特筆すべきものといえる（八鍬, 2023）。

[3] 私　塾

私塾とは、学識を有する者が自らの教育観をよりどころにしながら開いた「学び」の場である。理想の師を追い求めて遊学する若者も多かったことから、私塾での「学び」は主体性や志をともなっていたことが大きな特徴といえる。

集まってきた若者たちには「学び」を通じた知的ネットワークが形成された。その交流を支えたものの一つとして**会読**をあげることができる。会読は、「定期的に集まって、複数の参加者があらかじめ決めておいた一冊のテキストを、討論しながら読み合う共同読書の方法」であり、前述した藩校でも広く用いられていた読書法である（前田, 2018）。会読は参加者間の「討論」を基礎としており、一つのテキストを読み合うことでゆるやかな知的ネットワークが形成された。これが成立しえた背景にも、印刷技術の向上がある。流通量の増加によって参加者が同じテキストをもって参集することが可能になり、同時に、その「学び」への熱に支えられて商業出版が発展していったのである。

7.3　文明開化と学制公布

幕末の「開国」によって不平等条約が結ばれ、西欧との対峙が喫緊の外交課題となった。近代化の必要性から倒幕運動が鮮明となり、1868 年の大政奉還

によって徳川幕府は終焉を迎えた。新たに施政を担うことになった明治政府は岩倉使節団を派遣して、不平等条約の改正を試みたものの交渉は果たせず、西欧と対等に向き合うためには、まず近代化のための諸改革を断行する必要があると強く認識させられることになった。

文明開化は、西欧の制度や思想を積極的に取り入れようとすることである。西欧からの積極的な受容は幕末に結んだ不平等条約改正の達成と関連しており、文明開化はそのための「国家主導による一連の啓蒙的な文化政策ないし教育政策」の側面をもちあわせている（百瀬, 2008）。なかでも、学校教育は、言語（いわゆる「国語」）、時間（いわゆる「歴史」）や生活習慣（いわゆる「習俗」）の共有化がはかられることから、国家への帰属意識をもつ「国民」を育成するうえで重要な役割を果たすものと考えられていた[*3]。

そこで、明治政府は1872年に**学制**を制定し、本格的に学校教育制度の整備をスタートさせた。江戸時代では、身分の分け隔てがありながらも、個別学習を原則とした構成原理であった。対して、明治時代に入り、近代型の学校教育制度の普及がはかられると、「四民平等」のもとで「国民皆学」を理念として、教室では**一斉教授**がなされた。さらに、学問によって立身出世の道も開けることが鮮明に打ち出され、その背景には**福沢諭吉『学問のすすめ』**からの影響があったとされている（福沢, 2006）。

図7-3は、学校で用いられた**掛図**が双六形式で並べられている。五十音、数字、色、形、連語など多種多様である。教師は掛図を指し示しながら発問し、生徒はそれに答える授業形式がとられた。この教授法は、師範学校に招かれたアメリカのスコットによって伝えられた一斉教授によるところが大きく、教師と生徒の間で発問と応答があったことから問答法とも呼ばれた（杉村, 2010）。明治政府は、師範教育のほかにも、多くの分野で御雇教師（お雇い外国人）を招き入れ、西洋知の積極的な受容をはかろうとした。

しかしながら、近代化に向けた学校教育の普及はひと筋縄にはいかなかった。近代型の学校は、これまでの「学び」とは異なり、国家が制度として定めた学校に通って、「国民」育成のための共通した教育内容が教授されるものになる。

[*3] 西川長夫（2012）は、「国民化」の五つの軸として、「空間の国民化」、「時間の国民化」、「習俗の国民化」、「身体の国民化」、「言語と思考の国民化」をあげている。

100　第7章　日本の学校教育をみつめる歴史的視座

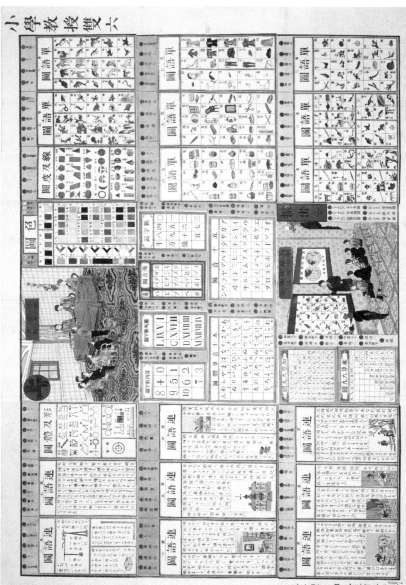

図7-3　小学教授双六（和泉屋市兵衛発行「小学教授双六」、明治7 : 1874 年、東京都立中央図書館所蔵）

このような文明開化、そして近代化の一環を担った学校は、庶民からみれば、高い授業料を求められながらも、自らの生活とは疎遠な内容を教授される場であり、学校建設の費用負担が各地域に強いられることもあった。擬洋風で建てられたとしても、その大部分が地域からの寄付で成り立っており、学制当初は寺子屋や私塾で活用していた場を学校として再編したものがほとんどであった。明治政府にとってみれば、学校教育制度の整備は西欧へ近代化をアピールする材料を兼ねていたため、各地域へ就学督促を出して、競争させながらその徹底をはかった（柏木, 2012; 川村・荒井, 2016）。ただし、学齢期の子どもは庶民にとって貴重な「働き手」であったため、学校に通う「学び手」という観念はすぐさま浸透していかなかった。生活との乖離や高い費用負担もあったことから、学校の「打ちこわし」や「焼き打ち」へと至るところも多かった。

江戸時代から、裾野の広い文字社会や、前述した藩校、寺子屋、私塾といった「学び」の場はあった。この近世における土台が近代型の学校教育を駆動させていく基礎になったという見方ができるものの、近世と近代の断絶において、制度としての学校教育が広くいきわたっていくには少し時間を要することになったのである。

7.4 学校教育の普及と就学率の向上

1879年に、岩倉使節団の教育担当理事官を経験した田中不二麿の文部行政のもとで**教育令**が制定された（森川, 1986）。ここで維新期の学制は廃止され、費用負担の軽減がはかられた。この教育令での対応は、頻発する学校への「打ちこわし」や「焼き打ち」を目の前にした緩和策であるともいえる。

明治10年代後半から明治20年代になると、日本も立憲国家としての諸制度が整ってくる。1885年には内閣制度が創設され、第一次伊藤博文内閣の文部大臣には**森有礼**が就任した。1886年には、新しい学校体系（**図7-4**）を構築すべく、総合的な教育令を改めて、それぞれの校種に対応した**学校令**（小学校令、中学校令、師範学校令、帝国大学令）が制定された（文部科学省, 2022）。特に、小学校令では、保護者に対して子女に普通教育を受けさせる「義務」があると明記され、今日でいう「義務教育」の語義とは完全に一致しないものの、その

考え方につながる「義務」の用語がこの段階で用いられるようになった。

もう一つ、当該時期の教育史で決定的な意味をもったのが1890年**教育勅語**（**史料7-1**）の制定である。前年の1889年に大日本帝国憲法が公布され、冒頭の第一条に「大日本帝国は万世一系の天皇之を統治す」と明記された。この帝国憲法発布式に向かう道中で、文部大臣森有礼が襲撃され、翌日に死亡した。森文政の終焉によって、保守派は徳育政策の巻き返しをはかるようになり、最終的には保守派の元田永孚と開明派の井上毅の「相克と妥協の産物」として教育勅語ができあがった（小野，2023）。

「朕惟フニ（天皇である私が思うには）」から始まり、「庶幾フ（期待するものである）」でしめくくられている教育勅語は、御真影とともに全国の学校へ下賜された[*4]。教育勅語は、大事に対する詔ではなく小事に対する勅であるこ

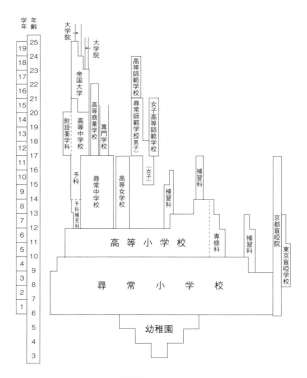

図 7-4　学校系統図（明治 25 年）

と、数多くある勅の一つにすぎないこと、御名御璽のみで内閣の大臣たちの署名をともなっていないことに鑑みれば、法的位置づけとしては決して高いものとはいえなかった（小野, 2023）。

しかしながら、発布後に教化のための徹底策が展開されたことで、教育勅語と御真影は次第に神聖なものとして絶対視されるようになった。学校で火災があったときは、勅語の謄本と御真影が人命よりも優先され、式典で読みあげられるとき校長は一言一句間違えることなく、子どもたちはその間に鼻をすることさえも許されなくなっていった。また最敬礼を拒んだ教師が不敬として糾弾される事件も起きた[*5]。教育勅語と御真影は内心の自由にまでふみ込むものへと変容し、戦前・戦中の学校教育で大きな影響力をもつに至ったのである。

こうした学校令のもと、1900年の小学校令改正によって義務教育の授業料が原則無償となる。この1900年の改正では「読書」、「作文」、「習字」の三つの学科目を一つに統合し、新たに「国語科」がつくられた（小笠原, 2004）。「国語科」の創成は、教育史における「言語的近代」[*6]として特筆すべきものであり、学校教育を通じた言語の共有化という点で大きな役割を果たした。続く1907年の小学校令改正では、義務教育の年限が4年から6年に延長され、その6年

朕惟フニ我カ皇祖皇宗國ヲ肇ムルコト宏遠ニ德ヲ樹ツルコト深厚ナリ我カ臣民克ク忠ニ克ク孝ニ億兆心ヲ一ニシテ世々厥ノ美ヲ濟セルハ此レ我カ國體ノ精華ニシテ教育ノ淵源亦實ニ此ニ存ス爾臣民父母ニ孝ニ兄弟ニ友ニ夫婦相和シ朋友相信シ恭儉己レヲ持シ博愛衆ニ及ホシ學ヲ修メ業ヲ習ヒ以テ智能ヲ啓發シ德器ヲ成就シ進テ公益ヲ廣メ世務ヲ開キ常ニ國憲ヲ重シ國法ニ遵ヒ一旦緩急アレハ義勇公ニ奉シ以テ天壤無窮ノ皇運ヲ扶翼スヘシ是ノ如キハ獨リ朕カ忠良ノ臣民タルノミナラス又以テ爾祖先ノ遺風ヲ顯彰スルニ足ラン
斯ノ道ハ實ニ我カ皇祖皇宗ノ遺訓ニシテ子孫臣民ノ倶ニ遵守スヘキ所之ヲ古今ニ通シテ謬ラス之ヲ中外ニ施シテ悖ラス朕爾臣民ト倶ニ拳々服膺シテ咸其德ヲ一ニセンコトヲ庶幾フ

明治二十三年十月三十日
御名御璽

史料7-1　教育勅語（教育に関する勅語）

[*4] 教育勅語の現代語訳と教育史的解説については、高橋陽一（2019）が参考になる。
[*5] 代表例として、内村鑑三不敬事件がある（関根, 2014）。明治期の不敬事件については、小股憲明（2010）に詳しい。

間に該当する尋常小学校の卒業者は中等教育への接続が可能になった。経済的な負担の軽減をはかりながら、義務教育の原則無償が大きな契機となって、維新期の学制で理念とされた「国民皆学」が明治終盤になってほぼ具現化されるに至ったのである。

7.5 おわりに——改めて「歴史を学ぶ」こと

　20世紀の到来はこれまでに類をみない「総力戦」時代の到来を意味した（木畑, 2014）。日本も明治後半から大正期にかけて日清戦争、日露戦争、第一次世界大戦を経験した。筆者は、これら三つの戦争を比較する歴史の授業を高校や高専で実践したことがある。日露戦争における一つの戦い、例えば奉天会戦では、「日本軍は死者約15900人、負傷者60000人、捕虜2000人の犠牲を出した」といわれている（貴志, 2022）。この数字は日清戦争全体を上回るものであり、日露戦争の悲惨さや壮絶さを物語っている。教科書の巻末にあるような年表だけをみれば1894年、1904年、1914年と10年ごとに戦争が並んでいるだけであったとしても、20世紀に入って戦争のあり方が大規模な「総力戦」へと変容していったのである。

　大規模な衝突の反省から新たな民主主義の原理が国際的に模索されるようになった。日本でも大正デモクラシーの風潮のもとで、吉野作造は民本主義を主張し、市民の権利意識が成長する契機となった（三谷, 2013）。西欧からも翻訳を通じて新思想が次々ともたらされ、教育界では、これまでの画一的で注入主義的な方法ではなく、子どもの個性や自発性を重視した実践が模索されるようになった。子どもを主体にした実践は、従来の「旧教育」に対して**新教育**[*7]とも呼ばれ、**及川平治**（明石女子師範学校附属小学校）の「分団式動的教育法」、

[*6] ここでの「言語的近代」とは、「俗語が文字と文法をもち、それによって文学が書き表され、国民文学の形成とともに国家語としての地位を得るようになった過程とそれに伴う諸事象」のことを指す（山本, 2004, p.10）。「国語科」の創成によって、そうした文学作品が教科書に掲載され、文学的価値を有する「国語」が学校教育を介して広くいきわたっていくことになる。このことを「国語的文学・文学的国語」のスローガンをもとに主張したのが胡適であり、中国近代における「国語科」の創成で中核的な役割を果たした（山下, 2023; 2024）。

木下竹次（奈良女子高等師範学校附属小学校）の「合科学習」などが著名である（Yamasaki & Kuno, 2017）。

　ここで100年ほどの時空間を越えて、改めて「いま・ここ」に焦点化させたい。2017年/2018年改訂の学習指導要領では**「主体的・対話的で深い学び」**がキーワードとしてあがっている。「主体的・対話的で深い学び」は、子どもを主体とした「学び」であり、教師はその視点に立った不断の授業改善が求められている（千々布, 2021）。これに関連して、筆者は、校長のリーダーシップについて調査研究をしたときに興味深いエピソードを伺った。とある校長室での研究談義のとき、校長先生は「若いときに先輩教師から授業づくりの参考になるといって木下竹次の本をわたされた」と話していた。そのほかインタビュー調査を重ねるなかでも、参考にした実践家の名前として斎藤喜博や東井義雄をあげる先生方が多かった。

　戸田山和久（2020）は、「読書」を通じて「文化遺産を継承するリレーの担い手」になることができ、同時に「読むこと reading」と「読まれるもの readings」が保存されていくと論じている。教育は歴史的に紡がれてきた営みであり、よりよい授業づくりをめざす教師たちによって先人の実践記録が読み継がれてきた。何気ない談義のなかで、先人たちの名前が出たのは、先生方が一人の「学び手」として「歴史を学ぶ」ことを体現してきた証しそのものであるといえる。先人たちの実践記録を読むこと、すなわち「歴史を学ぶ」ことで、学校教育の「いま・ここ」をみつめる歴史的視座を得て、自らの授業づくりを意味づけなおすことができる。

　「いま・ここ」にいる子どもたちとともによりよい授業づくりをめざすために、一人の「学び手」として「歴史を学ぶ」意義を見出し、世界にひらかれた広い視野で物事をとらえられるようになってほしい。こうした「学び手」としての姿勢が「主体的・対話的で深い学び」の視点に立った不断の改善を駆動させていく鍵となり、自分自身を成長させていくことにもつながるであろう。

---

*7　ジョン・デューイは、『学校と社会』（1899年）のなかで、「旧教育の類型的な諸点」として「子どもたちの態度を受動的にすること」、「子どもたちを機械的に集団化すること」、「カリキュラムと教育方法が画一的であること」をあげ、対して到来しつつある「新教育」での「変革」とは「重力の中心の移動」であり、子どもが中心となって教育の営みが組織されるようになったと論じている。デューイは1919年に日本と中国を訪れている。その詳細は、Yamashita（2023）に詳しい。

文　献

千々布敏弥（2021）．先生たちのリフレクション――主体的・対話的で深い学びに近づく、たった一つの習慣――　教育開発研究所
張憲生（2002）．岡熊臣　転換期を生きた郷村知識人――幕末国学者の兵制論と「淫祀」観――　三元社
中央教育審議会（2021）．「令和の日本型学校教育」の構築を目指して――全ての子供たちの可能性を引き出す、個別最適な学びと、協働的な学びの実現――（答申）
福沢諭吉・伊藤正雄（校注）（2006）．学問のすゝめ　講談社
平田諭治（編著）（2019）．日本教育史　ミネルヴァ書房
ジョン・デューイ（著）・宮原誠一（訳）（1957）．学校と社会　岩波書店
柏木敦（2015）．日本近代就学慣行成立史研究　学文社
川村肇・荒井明夫（編）（2016）．就学告諭と近代教育の形成――勧奨の論理と学校創設――　東京大学出版会
木畑洋一（2014）．二〇世紀の歴史　岩波書店
木畑洋一（2022）．おわりに　南塚信吾・小谷汪之・木畑洋一（編）歴史はなぜ必要なのか――「脱歴史時代」へのメッセージ――　岩波書店
貴志俊彦（2022）．帝国日本のプロパガンダ――「戦争熱」を煽った宣伝と報道――　中央公論新社
前田勉（2018）．江戸の読書会――会読の思想史――　平凡社
丸山真男・加藤周一（1998）．翻訳と日本の近代　岩波書店
松島弘（1994）．藩校養老館――哲学者西周　文豪森鷗外を生んだ藩校――　津和野歴史シリーズ刊行会
源了圓（2021）．徳川思想小史　中央公論新社
三谷太一郎（2013）．大正デモクラシー論――吉野作造の時代――（第三版）　東京大学出版会
百瀬響（2008）．文明開化――失われた風俗――　吉川弘文館
文部科学省（2022）．学制百五十年史　ぎょうせい
森川輝紀（1986）．田中不二麿と教育令――近代教育の岐路をめぐって――　埼玉大学紀要（教育学部），35(2)，39-63．
西川長夫（2012）．国民国家論の射程――あるいは〈国民〉という怪物について（増補版）――　柏書房
沖田行司（2011）．藩校・私塾の思想と教育　日本武道館
小笠原拓（2004）．近代日本における「国語科」の成立過程――「国語科」という枠組みの発見とその意義――　学文社
小股憲明（2010）．明治における不敬事件の研究　思文閣出版
小野雅章（2023）．教育勅語と御真影――近代天皇制と教育――　講談社
関根正雄（2014）．内村鑑三（新装版）　清水書院
杉村美佳（2010）．明治初期における一斉教授法受容過程の研究　風間書房
鈴木俊幸（2007）．江戸の読書熱――自学する読者と書籍流通――　平凡社
高橋敏（2007）．江戸の教育力　筑摩書房
高橋陽一（2019）．くわしすぎる教育勅語　太郎次郎エディタス
戸田山和久（2020）．教養の書　筑摩書房
辻本雅史（2011）．思想と教育のメディア史――近世日本の知の伝達――　ぺりかん社
辻本雅史（2012）．「学び」の復権――模倣と習熟――　岩波書店
八鍬友広（2023）．読み書きの日本史　岩波書店
山本真弓（2004）．はじめに――この本ができるまで――　山本真弓（編著）臼井裕之・木村護郎クリストフ（著）言語的近代を超えて――〈多言語状況〉を生きるために――　明石書店
山岡浩二（2018）．明治の津和野人たち――幕末・維新を生き延びた小藩の物語――　堀之内出版
Yamasaki, Y., & Kuno, H. [eds.] (2017). *Educational Progressivism, Cultural Encounters and Reform in Japan*. Routledge.
Yamashita, D. (2023). Chinese educational development through the lens of John Dewey. *History of Education Researcher, 111*. 3-11.
山下大喜（2023）．中国近代における「国語科」カリキュラム論の形成――胡適の模索を中心に――　カリキュラム研究，32，15－27．
山下大喜（2024）．中国近代における「国語科」の創成――胡適の思想的模索――　九州大学出版会

第8章

現代社会と学校教育（1）
──未来を拓く教育──

➡ ワーク11　学校教育で育てたい資質・能力（p.180）
➡ ワーク12　「考える」に焦点化した授業づくり（p.182）

本章を学ぶおもしろさ

　教育の目的は、「生きる力を育てる」ことである。それは、これからの社会を支える人を育てるということである。社会は大きく変化している。そんな社会に対応し、新たなものを創っていく力を育てるために、教師はこれからの社会について知ることに加えて、そこでどのような力が必要になるのかについて、考え続けることが求められる。

　本章では、これからの社会がどのように変化していくのかを考えた上で、そのための教育のあり方について検討する。学校教育のなかでどのような力を育てていきたいのか、そのためにどのような教育のあり方が求められているのか、学校教育自体の変化が求められている。

8.1 現代社会の動向

「これから社会はどうなっていくだろうか？」

この質問に明確に回答できる人はいないだろう。これからの社会はますます予測しにくくなっていく。このように先が予想しにくい社会のことを **VUCA**（ブーカ）と呼ぶことがある。VUCA とは、Volatility（変動性）・Uncertainty（不確実性）・Complexity（複雑性）・Ambiguity（曖昧性）の頭文字を取ったもので、社会やビジネスの世界で、未来の予測が難しくなる状況を示す。

テクノロジーの変化、自然環境や雇用環境の変化、国際化に伴う多様な価値観などといった要素が絡み合うことで、予測しにくい社会がやってくる。例えば、生成 AI のようなテクノロジーは、ここ数年で台頭してきたものである。このような生成 AI をうまく使えば、自分の考えを整理し、表現することを助けてくれる。それによって私たちの仕事や勉強のしかたは大きく変わった。

また、これからは日本国内だけでなく、世界を相手にして仕事をすることになる。そうなると多様な文化や価値観をもつ相手とともに仕事をする必要がある。意思決定のプロセスやその際に気をつけなくてはいけないことは、これまでと大きく変化することになるだろう。そういった社会の変化に、学校教育はついていけているだろうか。

8.2 生きる力の育成

[1] これからの社会に向かう力を育てる学校教育のあり方

現代社会の動向を参考にして、学校教育の目標が検討されている。平成 29、30 年に改訂された学習指導要領（文部科学省, 2019a）では、**生きる力**の育成を目標に、主体的・対話的で深い学びの視点からの授業改善が求められ、**コンテンツベース**（知識・技能の獲得を重視）から**コンピテンシーベース**（学びに必要な資質・能力を重視）への学習観の転換が求められた。

これまでの学校教育では、「教科の内容を理解する」ことが目標に置かれることがあった。テストでは、どれだけ正しい知識を記憶できたかが測られ、覚

えられた知識の数によって点数や成績が決められることが中心であった。それは、どれだけの内容を理解できたかを中心におく、コンテンツベースの教育である。しかし、社会の変化に伴って必要なコンテンツは更新されるため、学校教育を卒業してからも新たなコンテンツの獲得が求められる。

筆者が小学生だったとき、「鎌倉幕府の成立は何年ですか」という問いには「1192年」と回答すれば丸をもらえた。しかし、それは今の時代では必ずしも正しいとは言い切れない。幕府成立の判断基準が更新されたことに伴い、今の時代では1180年から1192年の間に鎌倉幕府が段階的に成立したと考えられており、特定の年代に限定しない記述をする教科書も少なくない。このように、時代が変われば学校で学んだコンテンツの正解自体が変化することもありえる。

そもそも、学校教育の目標を社会で生きる力であるととらえたときに、学校教育でこれまで指導してきた内容自体をとらえ直す必要もある。今の社会では多くの人の手元にスマートフォンがあり、そこには計算機や地図、翻訳の機能をもつアプリがある。そのような時代に、自分の頭で計算すること、県庁所在地の位置を覚えること、英単語を覚えておくことは、学校教育で身につけるべき生きる力として必要な能力だろうか。少なくとも現時点では、それらも学校教育で育むべき大切なことである。しかし、10年後、20年後にも必要な能力と言えるだろうか。

さらに、知っておいたほうがよい知識は時代によって異なる。今の時代の例を挙げると、金融教育や政治に関する知識、**持続可能な開発目標**（Sustainable Development Goals：**SDGs**）などがあり、社会のなかで大切になる課題はこれからもたくさん出てくるだろう。そうすると、それらすべてのコンテンツを学校教育のカリキュラムで教えることは難しくなってくる。

そのため、学校教育では、この先の社会が予測できないことを前提に、「社会の変化にも対応できる資質・能力を育む」ことを目標にする。つまり、これから社会でどのようなコンテンツが重要になったとしても、それを学び、社会の変化に対応できるコンピテンシーが重視されることになる。これがコンピテンシーベースの考え方である。

平成29、30年度改訂の学習指導要領では、予測できない社会で活躍するために必要な資質・能力について、次の三つの柱から説明している。

①生きて働く「知識及び技能」
②未知の状況にも対応できる「思考力、判断力、表現力等」
③学んだことを人生や社会に生かそうとする「学びに向かう力・人間性等」

それぞれ、「生きて働く」、「未知の状況にも対応できる」、「学んだことを人生や社会に生かそうとする」という言葉が前に置かれており、個別の知識や技能を習得するだけでなく、それを社会に出てからも活用することが前提とされている。

これらの三つの柱のなかで、これまでの学習指導要領と比べて、表現が大きく変更されたのが**「学びに向かう力・人間性等」**である。これまで、この観点に相当する各教科等の観点別評価は「関心・意欲・態度」と表現されていた。しかし、「関心・意欲・態度」の評価は「挙手の回数や毎時間ノートを取っているかなど、性格や行動面の傾向が一時的に表出された場面をとらえる評価であるような誤解が払拭しきれていない」(文部科学省, 2019b) との指摘があった。そのため、「学びに向かう力・人間性等」では「主体的に学習に取り組む態度」という観点別評価に変更され、自らの学習の理解度や進め方の状況を把握してよりよく学ぼうとする関心・意欲・態度を評価する趣旨が強調されている。

学校教育のなかでは教科の内容を理解することも重要であるが、授業を通じて学び方自体を学び、そのような学び方を発揮するなかで教科の学びを深めるというような、自分の学びを自分でコントロールして進めていく**自己調整学習**(10章参照) の考え方を生かした教育が求められている。

[2] 日本の子どもたちの資質・能力

それでは、そのような資質・能力を日本の子どもたちは身につけているのだろうか。経済協力開発機構 (Organization for Economic Co-operation and Development: OECD) は、**PISA** (Programme for International Student Assessment)と呼ばれる国際的な学習到達度に関する調査を3年ごとに行なっている。これは、参加国の15歳の生徒を対象に読解力、数学的リテラシー、科学的リテラシーの3分野について、調査を行うものである。本説では、文部科学省・国立教育政策研究所が公表した、「OECD生徒の学習到達度調査PISA2022のポイント」(国立教育政策研究所、2023) の報告書をもとに、日本の子

どもたちの資質・能力の特徴を考えていく。

　まず、PISA調査で測定される能力を確認する。PISA調査では、単に知識をもっているだけでなく、それを適応して、判断し、自らの考えを示すという能力が測定対象とされている。

　1）読解力　　読解力の定義は「自らの目標を達成し、自らの知識と可能性を発展させ、社会に参加するために、テキストを理解し、利用し、評価し、熟考し、これに取り組むこと」とされている。読解力では、①情報を探し出す、②理解する、③評価し、熟考する、という3つの能力が測定されている。

　2）数学的リテラシー　　数学的リテラシーの定義は、「数学的に推論し、現実世界の様々な文脈の中で問題を解決するために数学を定式化し、活用し、解釈する個人の能力のことである。それは、事象を記述、説明、予測するために数学的な概念、手順、事実、ツールを使うことを含む」とされている。そして、「この能力は、現実社会において数学が果たす役割に精通し、建設的で積極的かつ思慮深い21世紀の市民に求められる、十分な根拠に基づく判断や意思決定をする助けとなるものである」と述べられている。

　3）科学的リテラシー　　科学的リテラシーの定義は、「思慮深い市民として、科学的な考えを持ち、科学に関連する諸問題に関与する能力」であるとされている。科学的リテラシーでは、①現象を科学的に説明する、②科学的探究を評価して計画する、③データと証拠を科学的に解釈する、という三つの能力が測定されている。

　図8-1は、PISA2022の数学的リテラシーを測るための問題例である。新聞記事には、バスケットボールチームが「今シーズン全試合で勝利」、「今シーズンの得点差の平均は19点」と書かれている。その上で、「このシーズンの得点差の平均をふまえると、このチームが実際にはどの試合でも19点差で勝ったことがないということはありえますか」という問いに対し、「はい」か「いいえ」を選択し、その理由を説明する問題となっている。この問題に正答するためには、「平均」の意味を理解した上で、それを適用して回答を選択し、その理由を自分の言葉で説明することが必要となる。

　ほかにも、数学的リテラシーの問題には、「表計算ソフトを使って、割合の変化について調べ、その変化の差が大きいものを特定する」、「データにもとづいて、主張を判断し、その判断理由を説明する」などがある。

112 **第8章 現代社会と学校教育（1）──未来を拓く教育──**

図 8-1　数学的リテラシーの問題例（国立教育政策研究所, 2023 より）

　さて、日本の子どもたちの調査結果はどうだろうか。**図 8-2** は PISA における日本の平均得点と順位の推移である。PISA2022 の結果では、科学的リテラシー、数学的リテラシーはいずれもこの調査に参加した OECD 加盟国のなかで1位、読解力は2位と、いずれの分野もトップレベルの成績であった。世界的にみても、日本の学力は上位に位置づいており、しかも、その学力は正しい知識をたくさん覚えることではなく、知識を活用して、回答し、自分の考えを述べるという、これからの社会で求められる力である。

　それでは、PISA2022 の結果からみる、日本の教育のよさと課題はなんだろうか。報告書には、日本の教育のよさと課題も指摘されている（**表 8-1**）。なお、PISA2022 は数学的リテラシーが中心分野となっており、生徒や学校のさまざまな特性を分析するための質問調査（生徒質問調査、学校質問調査、ICT 活用調査）も実施されている。そのため、**表 8-1** は質問調査の結果をふまえつつ、数学的リテラシーに焦点化した考察となっている。

　まず、日本の教育のよさは、規律ある雰囲気のなかで授業が行われており、成績、学校への所属感、教育の公平性が高い水準で安定していることである。その結果、すべての子どもが一定の基準の教育を受けることができ、家庭等の経済状況の学力への影響は低い傾向にある。

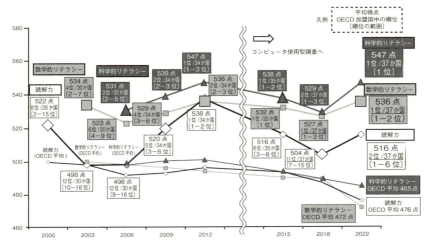

図 8-2 PISA における日本の平均得点と順位の推移

表 8-1 PISA2022 からみる日本の教育の特徴（国立教育政策研究所, 2023 より）

■**日本の教育の特徴：よさ**
- 日本の数学の授業は規律ある雰囲気のなかで行われている。
- 日本は社会経済文化的背景の学力への影響が他の国々と比べて少ない。
- 成績、学校への所属感、教育の公平性の三つの視点が安定している[注]。

■**日本の教育の特徴：課題**
- OECD 平均に比べて、実生活における課題を数学を使って解決する自信が低い。また、数学を実生活における事象と関連づけて学んだ経験が少ない。
- 日本の数学の授業では、数学的思考力の育成のため、日常生活とからめた指導を行っている傾向が OECD 平均に比べて低い。
- 学校が再び休校になった場合に自律学習を行う自信があるか、という質問に対する回答で、自信がないと回答した生徒は日本は非常に多い。
- 日本の各教科の授業での ICT の利用頻度は、OECD 諸国と比較すると低い。
- 「ICT を用いた探究型の教育の頻度」指標は OECD 平均を下回っている。

注）この三つの視点が安定しているのは PISA2022 に参加した 81 の国・地域のうち、日本を含む 3 カ国のみである。

　一方で、子どもの思考を促し日常生活と関連づけた指導を行うことや、自律学習の自信、授業における ICT の利用頻度は他の国々と比べて低い傾向にある。前項で述べたように、これらはこれからの社会で必要な力の中心的な能力だと考えられる。特に、ICT を活用して自律的に探究しながら学ぶことに対する自信や頻度が少ないことは、これからの日本の教育の課題だと言えよう。

[3] 資質・能力を育むための授業のあり方

　表8-1をふまえると、これからの日本の学校教育では、従来の日本型の学校教育のよさを引き継ぎつつ、これからの社会を生きるための子どもたちに必要なコンピテンシーベースの授業のあり方を検討していく必要がある。例えば、自分で学ぶ力、すなわち、「自律的に探究する」ことができる子どもを育成しようとすれば、これまでの授業のあり方を少し変えていく必要がある。

　図8-3は、総合的な学習（探究）の時間[*1]で示されている**探究的な学習**の過程を示したものである。課題を設定し、情報を集め、整理・分析し、自分の考えをまとめ、必要に応じて表現する。このような学びを繰り返すことで、探究的な学びが実現される。そして、このような学びの姿は総合的な学習（探究）の時間だけでなく、これまでも各教科等の学習のなかでも行われきた。

　もし自律的に探究する子どもをゴールに置くならば、これらの学習過程は子どもが主体となって行われることが期待される。しかし、これまでの授業では、教科等で学ばせる内容の多さや時間の制約等から、これらの学習過程は教師主導で行われることが多かった。つまり、教師が課題を設定し、その課題に必要な情報を教師が指示し、読み取らせ、教師が子どもの言葉を板書で構造的に整理・分析し、教師が子どもの言葉を使って授業のまとめをする、という授業形態であった。このような授業も、学びのモデルを示すという意味で、ある一定の段階までは必要である。しかし、この教師主体の授業しか経験していない子どもは、教師がいないと学べなくなっていく。

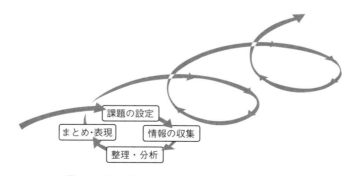

図8-3　探究的な学習の過程（文部科学省，2022より）

[*1]　高等学校の「総合的な学習の時間」は2022年度から「総合的な探究の時間」に変更された。

自分の力で学ぶことのできる子どもを育てるためには、ふだんの教科等の授業のなかで、学習の主導権を少しずつ子どもに渡せるように鍛えていくことが大切である。最初のうちは、すべてを子どもに任せることが難しいため、教師が中心となって学び方を決めて進めていく。教師主導の授業形態に子どもが慣れてきたら、教師は探究的な学習の過程にある「課題の設定」、「情報の収集」、「整理・分析」、「まとめ・表現」をどのように進めていくのかを子どもと相談しながら決めていく。最終的には、探究的な学習の過程の大部分を子ども自身が決めていく。

　ふだんの教科等の授業を通して、子どもたちは学び方を学ぶ。子どもたちはその学び方を主体的に発揮することで、教科の内容をより深く理解する。このような相互作用が生まれるように、教師は授業を組み立てることが大切である。

8.3　ICTと教育

[1] GIGAスクール構想の実現

　PISA2022から見えてきた、日本教育の課題が、「各教科の授業でのICTの利用頻度」や「ICTを用いた探究型の教育の頻度」である。これからの社会において仕事や勉強でICTを活用しないとは考えにくい。しかし、日本の子どもたちは学校でそのような経験をほとんどしていなかった。これは、これからの社会を支える子どもを育てるという視点から見て、由々しき事態である。

　子どもたちが自ら探究しながら学びを深めていくことを考えても、ICTは必須の道具である。例えば、情報の収集という視点から見れば、これまで子どもたちの手元には教科書や資料集くらいしか情報源がなかった。そのため、探究を充実させるためには、教師が事前に集めた情報を子どもたちに渡したり、子どもたちを見学やパソコン室に連れて行って情報収集する機会を与えたりするしかなかった。それだと、子どもそれぞれのテーマに応じた探究の深まりは難しく、情報収集の主導権はいつまで経っても教師のままになってしまう。

　子どもたちのICTを用いた学習機会を増やすこと、探究的な学びを充実させること、子どもに学習の主導権を渡せる環境を構築すること、このような学習環境を構築するための取り組みがGIGAスクール構想である。GIGAスクー

ル構想は、「1人1台端末と、高速大容量の通信ネットワークを一体的に整備することで、特別な支援を必要とする子供を含め、多様な子供たちを誰一人取り残すことなく、公正に個別最適化され、資質・能力が一層確実に育成できる教育ICT環境を実現する」こと、「これまでの我が国の教育実践と最先端のICTのベストミックスを図ることにより、教師・児童生徒の力を最大限に引き出す」ことを目的としている（文部科学省，2020）。GIGAスクール構想は2019年に公表され、当初は5年計画での整備を計画していたが、コロナ禍での休校への対応も相まって計画が前倒しされ、2022年度末にはおよそ98％の自治体で1人1台端末の整備が完了した。

なお、自治体によって、導入された端末の種類や活用できるツールは異なっている。現在、それぞれの自治体や学校現場では、1人1台端末を用いてどのように子どもの資質・能力が育成できるのか、どのような授業が可能になるのかについて試行錯誤が行われている。

ここで大事になるのは、私たちが生徒として学校にいたときとは学校現場の環境が大きく異なることである。さらに、社会も大きく変化し、求められる資質・能力も変わってきている。子どもの学びに向かう力を育み、ICTを活用しながら自分で探究する力を育てることが求められる今、教師自身も探究し続けることが求められる。

[2] GIGAスクール構想によって可能になった個別最適・協働的な学び

GIGAスクール構想によって可能になり、今後求められる授業の形の一つが、**個別最適・協働的な学び**である。次期学習指導要領の方向性を示した「『令和の日本型学校教育』の構築を目指して」（中央教育審議会，2021）では、子どもたちの多様化に対応し、これから求められる資質・能力を育むための授業の実現に向けて、子どもたちが自分の理解度や学習状況に合わせて、自分の学びを作っていく「個別最適な学び」と、多様な他者との議論から納得解を見出すような「協働的な学び」を一体的に充実させることが求められている。そして、そのような授業は1人1台端末環境によって実現が可能になる。

授業が始まり、教師が今日の課題と学習の進め方やポイントを全体で確認すると、子どもたちは自ら学習を進めていく。一人で学習を進める子、友達と相談しながら学習を進める子、言葉の意味が理解できずに、教師のところに集まっ

て教師と相談しながら学習を進める子、一つの教室のなかにさまざまな学習形態が同時存在し、どのような学習形態をとるのかは子どもが自分で決める。教師が示した学習の流れを参考にしながら、教科書やインターネットを用いて情報を集める。考えがまとまった子からチャットで自分の考えを共有する。チャットを確認すれば、誰がどんな考えをもっているのかがわかる。それをもとにしながら友達に相談したり、友達のまとめ方を参考にしたりしながら学習を進めていく。

　教科書から必要な情報にはあたりをつけられたが、どのように整理すればよいのかがわからずに作業の手が止まった子に対して、教師は「〇〇さんが上手にまとめているから、見に行って参考にすればいいよ」とアドバイスをする。それぞれの子どもの学習過程はクラウド上で常に共有されるので、誰がどんなことを調べているのか、どうやってまとめているのかはすぐに見ることができる。教師は、クラウド上で子どもの作業を見ながら、まだ一人では学びが十分に進められない子の近くに行って、その子の学びを支援する。

　最後は、それぞれに自分が何を学んだのか、どこがうまくできたのか、または、できなかったのかを振り返る。それぞれが自分なりに学びを進め、集めた情報や整理のしかたなどが異なるので、教師が最後に板書で今日の学習内容を一つにまとめる時間は取らない。クラウド上では振り返りも常に共有されているので、子どもたちも誰がどんなことを振り返っているのかを参照しながら、学びを進めていく。

　教師が教科書の内容を教えたり、学び方を指示したりせず、ある程度の学び方を教師が示した上で、それを参考に子どもたちは自分で学びを進めていく。1人1台端末があることで、児童生徒はさまざまな学習方法を選択できたり、友達の学習状況をヒントにしながら学びを進めたりできる。このような環境整備によって、自分の学びやすい方法で学ぶことが可能になり、知識を誰かから教えてもらうのではなく、自分で学び取り、学び方自体を学ぶことが可能になった。

[3] 個別最適・協働的な学びを支える資質・能力

　個別最適・協働的な学びを実現するためには、教師は、児童生徒が自ら学び方を選択できるように、教科等の授業のなかで、児童生徒が学び方を身につけ、

発揮できるように指導する必要がある。

　例えば、課題を設定する方法を児童生徒は身につけているだろうか。情報を収集しようとしたとき、ネットで集める以外の方法をいくつ知っているだろうか。教科書から課題に応じた情報を適切に集めることはできるだろうか。集めた情報を整理・分析し、まとめ・表現する方法を身につけているだろうか。

　1人1台端末の活用によって、多様な情報収集やまとめ・表現が簡単にできるようになったからこそ、その間の「整理・分析」がますます重要になる。そして、そのような「整理・分析」は自らの頭で「考える」ことが中心となる。それでは、授業のなかで行われる「整理・分析」、「考える」にはどのようなパターンがあるのだろうか。

　泰山他（2014）は、授業中に行われる「考える」の種類を、学習指導要領を教科等横断的に分析して明らかにしている。その結果、どの教科等でも出てくる「考える」には19種類のパターンがあった（**表8-2**）。これが、教科等横断的な**思考スキル**である。「整理・分析」の方法として、これらの**思考スキル**を児童生徒が身につけることで、教科書やネット上の情報をうまく整理し、自分の考えをまとめることが可能になる。

　例えば、何をどう考えてよいかわからない児童生徒に「よく考えてごらん」と声かけをしても、その言葉は支援にならない。教師は「考える」という言葉を使わずに、「比較する」、「分類する」、「理由づける」などの具体的な思考スキルの言葉を使い、子どもが考えられない原因を適切にとらえた上で、それに応じた授業設計や支援、評価の方法を検討することが重要である。

　同様に、情報の集め方、情報のまとめ、表現のしかた、そして、整理・分析のための方法としての思考スキルも含めた**情報活用能力**を、学習の基盤となる資質・能力として身につけさせることが重要である。

　児童生徒が教科等の目標に合わせて、自ら学ぶ方法を選択しながら学習を進めることができれば、教師に教えてもらったときよりも理解は深まり、同時に探究的に学ぶ方法も身につけることが可能になる。そのために、教師はすべての学習活動の意図を児童生徒と共有し続けながら、学習のモデルを示すと同時に、学び方の基盤となる資質・能力である情報活用能力を、児童生徒に身につけさせる必要がある。児童生徒主体の探究的な学びを実現している学校の様子を見ると、おおよそ**図8-4**の指導のプロセスを経ている。

表 8-2 学習指導要領における思考スキルの種類とその定義

思考スキル	定義
多面的にみる	多様な視点や観点にわたって対象を見る
変化をとらえる	視点を定めて前後の違いをとらえる
順序立てる	視点に基づいて対象を並び替える
比較する	対象の相違点、共通点を見つける
分類する	属性に従って複数のものをまとまりに分ける
変換する	表現の形式（文・図・絵など）を変える
関係づける	学習事項同士のつながりを示す
関連づける	学習事項と実体験・経験のつながりを示す
理由づける	意見や判断の理由を示す
見通す	自らの行為の影響を想定し、適切なものを選択する
抽象化する	事例からきまりや包括的な概念をつくる
焦点化する	重点を定め、注目する対象を決める
評価する	視点や観点をもち根拠に基づいて対象への意見をもつ
応用する	既習事項を用いて課題・問題を解決する
構造化する	順序や筋道をもとに部分同士を関係づける
推論する	根拠にもとづいて先や結果を予想する
具体化する	学習事項に対応した具体例を示す
広げてみる	物事についての意味やイメージ等を広げる
要約する	必要な情報に絞って情報を単純・簡単にする

　従来のような教科内容を理解させる指導（①）の段階から、児童生徒が自律的に方法を選択しながら深く学ぶ（③）をめざすためには、教科内容に加えて、学習の基盤としての情報活用能力を指導する必要がある。しかし、方法を指導したり、自己調整のレベルを上げて、児童生徒に任せたりすると、当然、教師主導で指導したときよりも学習に時間がかかったり、教師が想定したほど学習が深まらないことがある（②）。その際に、教師が焦って答えを言ったり、急に児童生徒から学びの主導権を奪ったりすると、いつまでたっても児童生徒主体の自律的な探究にはつながらない。教科等の目標に応じて児童生徒が自律的に探究する③の姿を実現するためにも、いったん、学習内容の理解よりも汎用的な方法や考え方の習得を優先する②の段階を乗り越えることが重要である。

　このような指導のプロセスを想定し、社会の変化を想定した上で、教師は育成する資質・能力、そしてそのための授業のあり方を検討することが求められ

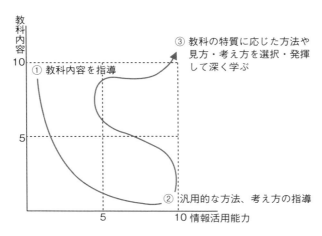

図 8-4　教科内容と学習方法の指導のプロセス

る。そのような授業は、教師自身が子どもだった時代には実現されていなかった授業である。これからの教師には自分が経験したことのない授業を実現していくことが求められる。そのために、教師は常に学習観を更新し、教師自身も学び続けることが求められる。

文　献

中央教育審議会（2021）．「令和の日本型学校教育」の構築を目指して——全ての子供たちの可能性を引き出す，個別最適な学びと，協働的な学びの実現——（答申）　文部科学省 Retrieved from July 16, 2024　https://www.mext.go.jp/content/20210126-mxt_syoto02-000012321_2-4.pdf

国立教育政策研究所（2023）．OECD 生徒の学習到達度調査 PISA2022 のポイント　https://www.nier.go.jp/kokusai/pisa/pdf/2022/01_point_2.pdf

文部科学省（2019a）．平成 29・30・31 年改訂学習指導要領　https://www.mext.go.jp/a_menu/shotou/new-cs/1384661.htm

文部科学省（2019b）．児童生徒の学習評価の在り方について（報告）https://www.mext.go.jp/content/20240425-mxt_kyoiku01-000035713_04.pdf

文部科学省（2020）．（リーフレット）GIGA スクール構想の実現へ　https://www.mext.go.jp/content/20200625-mxt_syoto01-000003278_1.pdf

文部科学省（2022）．今，求められている力を高める総合的な学習の時間の展開（中学校編）https://www.mext.go.jp/a_menu/shotou/sougou/20220426-mxt_kouhou02-2.pdf

泰山裕・小島亜華里・黒上晴夫（2014）．体系的な情報教育に向けた教科共通の思考スキルの検討——学習指導要領とその解説の分析から——　日本教育工学会論文誌，37(4), 375-386.

第9章

現代社会と学校教育（2）
──子どもの多様化・複雑化──

➡ ワーク13　多様性の理解（p.185）

　　　　　　本章を学ぶおもしろさ
　子どものことを理解できる教師になるためには、何が必要だろうか。現代の子どもたちがどんな環境で生活しているのか、どんな特徴をもった子どもたちがいるのかを知ることは、その第一歩となる。お互いのことをある程度わかり合っていると思える友人であっても、理解できない言動を目にすることは少なくないだろう。同年代で仲のよい友人でさえ、育ってきた文化や今置かれている環境は、あなた自身のものとは当然異なっており、その様相は多様かつ複雑である。年代も異なる今の子どもたちの多様性や複雑性の実態とその教育に焦点を当てながら、人をどう理解するかという人間関係の基本についても考えを深めていくことが、本章を学ぶおもしろさの一つである。

9.1 子どもを取り巻く環境の変化

　高校や大学の入学試験中、受験生がタブレット端末を片手に、対話型のAI（人工知能）を駆使しながら試験問題に解答する姿を見たら、あなたはどう感じるだろうか。入学試験でタブレット端末等の電子機器を用いることが不正行為とみなされる現在に慣れた私たちにとって、そのような行動は当然許しがたい姿として目に映る。しかし、1人1台のタブレット端末が配布され、それを用いた授業も展開されるようになっている現在の学校の様子は、ほんの十数年前には想像もつかないものだっただろう。同じように、今から十数年後の未来に、子どもたちを取り巻く環境が大きく変化し、入学試験のあり方さえも変わっている可能性は十分考えられる。今の子どもたちが、どんな環境のなかで育っているのか、その環境にどのように適応していくべきなのか、子どもを理解し、支え、導くためには、変化とともにある環境をとらえていく必要がある。

[1] 現代を特徴づける変化——デジタル機器の普及

　子ども専用のスマートフォンをもたせるのは、何歳からが適切だろうか。こども家庭庁（2024）が行った実態調査の結果では、小学校入学の頃には10〜20%程度の子どもが自分専用のスマートフォンをもち、70%程度は親と共用のスマートフォンをもつ。しかし、小学4〜5年生にあたる10歳では、この割合が逆転し、およそ65%の子どもが自分専用のスマートフォンをもつようになる。そして、中学への入学を迎える年齢にあたる13歳では、90%を超える子どもが自分専用のスマートフォンをもつようになる。インターネットについても、2歳でおよそ60%、5歳でおよそ80%、12歳以上では99%が利用している（こども家庭庁, 2024）。スマートフォンの所有やインターネットの使用に関して、低年齢化が進んでいる。

　小中高生がインターネットを利用している時間は、年々増加傾向にある。1日に平均しておよそ、小学生では3.8時間、中学生では4.7時間、そして高校生では6.2時間もの時間をインターネットに費やしていることが、同じくこども家庭庁（2024）の調査で明らかにされている。小中高生にとって睡眠の許容下限時間である7〜8時間（Hirshkowitz et al., 2015）を除いた、16〜17時間の1

日の活動時間のうち、高校生では4割近く、小学生でも1/4近くの時間を、インターネットに費やしていることになる。そしてインターネット使用時間は、2021年から2023年までの3年間だけでも、平均して30分以上の増加がみられている。幼い頃からスマートフォンを手に、インターネットを利用するのが一般的になってきた環境で育っているのが、現代の子どもたちなのである。

子どもたちを取り巻くデジタル機器に関する環境の変化について、警鐘を鳴らすものも少なくない。ネット依存はその1例であり、日本の中高生の12～16%が、インターネットの病的使用状態にあり、不適応的な使用にいたってはおよそ5人に1人が該当することが報告されている。2012年から2017年にかけてその割合はおよそ倍増していることも示されている（尾崎, 2018）。さらに、2022年に発効したWHO（世界保健機関）による国際疾病分類（ICD-11）においては、ゲーム障害という疾病も加えられている。これは生活等に何らかの障害が起こっていたとしてもゲームを優先し、コントロールすることができないような依存症的状態を指す疾病である。青年男子での有病率は、女子の5倍ほどとなっている（Fam, 2018）。ネット依存・ゲーム障害の治療を提供している医療機関数も近年増加しており、その対策の必要性も大きくなっていることがうかがえる。

ネット依存やゲーム障害を一例とする問題もあるものの、デジタル機器の普及は進む一途であり、この環境の変化を憂いているだけでは、子どもの理解にはつながらない。学校現場においても、タブレット端末等を含む、教育用コンピュータの数は増加しており、2022年には、その数が児童生徒の数を上回るほどとなっている（文部科学省, 2023a）。また、小中学生が将来就きたいと思う職業について2023年10月に調査した結果では、小学生の2位にネット配信者がランクインしているほか、eスポーツプレーヤーやプロゲーマーについても、少なくない小中学生が挙げている（学研教育総合研究所, 2023）。デジタル機器の普及により、こうした職業が憧れとして子どもたちの目に映ることがある以上、この環境の変化を受け入れ、どう適応させていくのかが問題となる。

実態として、上述のこども家庭庁（2024）の調査から見えるのは、普及したデジタル機器の利用は、必ずしも不適切なものばかりではないということである。インターネットの利用内容の内訳として、小学生から高校生まで共通して9割程度と多いものには、動画の視聴やゲームも挙げられているが、7割程度

は勉強に利用しており、何らかの情報の検索にも中高生は多く利用している。どのような情報を検索しているかは不明であるものの、情報社会のなかで、適切に情報を得る力は必要不可欠であり、その力の向上に一定寄与する可能性は低くないだろう。ただし、1日あたり平均して、勉強のためにインターネットを利用しているのは1時間程度である一方、動画やゲームを含む娯楽のためには3時間程度利用していることも示されている。また、家族や友人などとのコミュニケーションにも1時間弱の利用がなされており、関係性の構築においても欠かせないツールとなっている。

　新しい技術や道具は、その新しさゆえ、人間が使われてしまうこともしばしばであると思われるが、そうではなく、人間がその技術や道具を使う存在になれるよう、特に子どものうちから支援していくことが重要と考えられる。

[2] 身体との向き合い方——運動と睡眠

　子どもと関わる職業をめざす者にとって、その子どもの将来にわたる幸せを願うことは自然なことと思われる。その幸せの基盤となる身体についても、十分な知識をもっておく必要がある。心地よく身体活動を行えることや睡眠をとれることは、幸福感と関連することが示されている（鈴木他，2014）。しかし、身体活動を支える子どもたちの**運動器**（身体運動に関わる骨、筋肉、関節、神経などの総称）や睡眠の実態は、必ずしも適切な状況にはない。

　あなたは、次のことができるだろうか。

- 片脚で5秒以上ふらつかずに立つこと
- 上肢を耳の後ろまで垂直に挙げること
- 踵を上げずにしゃがみ込むこと
- 立った状態から体を前屈させて楽に指を床につけること

　この四つは、身体を動かす基本動作である一方、このすべてができる子どもの数は6割を下回るとされ、将来、運動器の障害によって、立つ、歩くといった移動機能の低下をきたす**ロコモティブシンドローム**になるリスクが指摘されている（林，2015）。この背景には、技術発展による運動経験の不足（例えば、エスカレーターやエレベータの普及）と、外遊びの減少、スマホやゲーム時間の増加、そしてそれに伴う姿勢の悪化などが挙げられる（林他，2017）。子ども

を取り巻く環境の変化に伴って、子どもの身体にも影響が及んでいる。

1）運動　現代の子どもたちに起こっているのは運動不足のみではなく、運動過多と運動不足の二極化であり、柔軟性の向上等、対策が求められる。大会新記録や日本記録の更新、さまざまなスポーツの競技レベルの向上なども見られる現代においては、運動過多の子どもも少なくない。そして環境の変化に伴う運動不足のみでなく、こうした運動過多にとっても重要なものに、身体の柔軟性があり、柔軟性を高める積極的な取り組みが学校現場や地域のスポーツクラブ等で必要とされる（宿谷他, 2021）。一生つき合うことになる自分の身体とどう向き合い、どうメンテナンスすればよいのかを知ることは、現代の子どもたちにとっての重要課題の一つと思われる。

2）睡眠　身体への向き合い方として、運動はどのように動かすのかという側面として重要だが、どのように休めるのかという側面も同様に重要である。身体を休める代表的な活動である睡眠について、子どもたちに関するさまざまな調査結果を概観した駒田（2017）は、多くの子どもが推奨睡眠時間を確保できていないことや、睡眠が休養のみでなく心身の適応や発達に影響を及ぼしていることを示している。幼児では10～13時間、児童では9～11時間、思春期・青年期では8～10時間が推奨睡眠時間である（Hirshkowitz et al., 2015）。そうした適切な睡眠が、記憶の定着ややる気といった学習面、メンタルヘルスや心身の疾患の予防など、広範な領域で子どもたちを支えるのである。運動を含む生活習慣やデジタル機器の使用とも関わって、小学生の平均睡眠時間はここ30年ほどで30分程度短縮されるなど（学研教育総合研究所, 2023）、人間の心身の適応と発達にとって望ましくない方向に進んでいる。目の前の子どもの言動には、短い睡眠時間が影響している可能性があることも頭に留めておく必要があるだろう。

[3] 地域・家庭の教育力

子どもの教育は、学校のみが担うものではない。教育基本法[†]10条には、「父母その他の保護者は、子の教育について第一義的責任を有するものであって、生活のために必要な習慣を身に付けさせるとともに、自立心を育成し、心身の調和のとれた発達を図るよう努めるものとする」と明言されている。では、子どもの教育は、学校と家庭だけが担うべきものかというと、それも間違いであ

る。教育基本法⁺では、上記に続けて「国及び地方公共団体は、家庭教育の自主性を尊重しつつ、保護者に対する学習の機会及び情報の提供その他の家庭教育を支援するために必要な施策を講ずるよう努めなければならない」としているほか、教育において、学校、家庭および地域住民等が相互に連携と協力に努めることについても明記している。教育は、家庭、学校、地域、行政が協力しながら行うものである。

　子どもの教育の第一義的責任を有するとされる家庭、そしてその家庭を取り巻く地域の様相も、ここ数十年で変化している。例えば、核家族世帯の割合は 30 年以上増加を続けており、家族内での世代を超えた教育の機会は少なくなっている現状がうかがえる。実際に、家を空けるときに子どもの面倒をみてくれる人として、祖父母や親戚は減っているほか、およそ 15 年前から比べて、親の友人が面倒をみてくれるのは半分程度、近所の人にいたっては 1/4 程度に減っている（ベネッセ教育総合研究所, 2022）。さらに、ベネッセ教育総合研究所（2022）の調査においてみられた 2015 年から 2022 年の変化として、子どものしつけや教育についての情報源として、祖父母や親戚、親の友人や知人、子育てサークルの仲間などは軒並み減少し、代わりに SNS が大幅に増加している。そして同調査では、子育てへの肯定的感情の減少と否定的感情の大幅な増加、保育・教育機関に対する要望の大幅な増加も示されている。オフラインのつながりやサポートが減ることによる弊害は、増加したオンラインのつながりでは埋められず、子どもを支える家庭と地域の教育環境は厳しい状況にある。

　家庭や地域の教育力の低下を指摘する声もあるが、上述したような教育に関わる環境と教育力は必ずしも同じではないと思われる。豊かな環境は、適切な教育につながる可能性が高いと考えられるものの、厳しい環境下にあっても適切な教育を行うことは不可能ではない。反対に、豊かな環境下にあっても、適切な教育が行われていない場合もある。そもそも、教育基本法⁺が掲げる生活習慣の習得、自立心の育成、心身の調和のとれた発達に対する教育力とは、具体的な言動として何をする力なのか一義的には定めにくい。なぜなら、子どもも、その親や地域の人も、それぞれ生まれもった性質、そこまでの育ち、もっている考えなどはさまざまであり、一つとして同じものはない「その子どもとその大人のそのときのその関わり」が、その後何を生むかは予測することが難しいからである。子どもの教育に携わる人がみるべきは、各々が連携、協力し

た結果として生み出される教育力であり、その連携や協力にあたって重要となる関係性を、オフライン、オンラインを通して築いていくことが求められる。そしてそのためには、上述したような環境も含め、お互いの置かれた状況を知ろうとしていく態度が重要と思われる。

9.2 子どもの多様化と課題

[1] 家庭の社会経済的状況——貧困

　貧困とは、どのように決められるものか説明できるだろうか。貧困には、生きる上で必要最低限の生活水準が満たされていない状態である絶対的貧困と、居住する国や地域の中で比較して、大多数よりも貧しい状態である相対的貧困がある。現代の日本で多く問題にされる後者の相対的貧困は、いわゆる手取り収入額を世帯人数で調整した額の中央値の半分（2021年は127万円）以下で生活している場合が該当する。日本でこの相対的貧困にあたる水準で生活している人の割合である貧困率（2021年）は、およそ6.5人に1人の割合（15.4%）である（厚生労働省, 2023）。17歳以下の子どもの貧困率については、およそ8.7人に1人（11.5%）、ひとり親家庭に限っては、2.2人に1人（44.5%）にものぼる。標準的な人数のクラスであれば、1クラスにおよそ4人がこの相対的貧困下で生活をしていることになる。

　こうした貧困は、子どもの発達や適応などに広範な影響を及ぼすことが指摘されている。貧困にあたるかどうかに限らず、保護者の学歴や職業、年収といった**社会経済的地位**（SES：socio-economic status）によって、子どもの全国学力・学習状況調査のテスト得点に差があること（図9-1）はよく知られた事実である（数実, 2023）。貧困の影響はもちろん学力のみにはとどまらず、複数の経路から子どものさまざまな側面に影響が及ぶ（阿部, 2008）。例えば、貧困状態にある家庭は、お金だけでなく情報や人とのつながりが不足しがちであり、それが学習のための資源や刺激の不足、親のストレスなどにつながる。教育費の不足に加え、家庭で親が十分に子どもと関わる時間がもてなかったり、親の抱えるストレスが家庭内不和を引き起こしたりすることで、子どもは感情的に不安定になり、学習への意欲などをもつことも難しくなる可能性が高くなる。複数

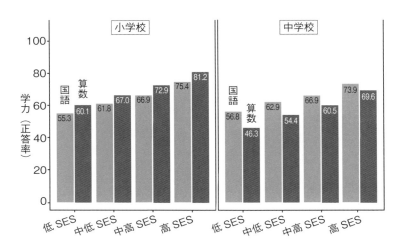

図 9-1　家庭の SES と学力（数実，2023 より）

の経路をたどって行きつく先には、心身の健康や学力、将来の所得や幸福といったものの低下が挙げられている。

　子どもの貧困が問題となる理由の一つは、子どもには責任がないことである。子どもは当然、産まれてくる親を選ぶことができない。にもかかわらず、どの家庭で生まれ育ったかによって、心身の健康や学力、そして将来のことまで影響を受ける可能性がある。また、貧困であることは自ら語りにくく、友達との関係で浮かないように、同じような恰好をし、スマートフォンをもつなど、周囲からも見えにくい（松島，2017）。目の前の子どもの感情が不安定であったり、学習に対して意欲がなかったり、学業不振に陥っていたりすることは珍しいことではないものの、その背景には、もしかすると貧困や家庭の状況があるかもしれないことは頭の片隅に置いておくべきである。

　貧困等、困難な背景をもつ子どもやその家庭を適切な支援につなぐ、あるいはそのための情報を提供することも重要である。現状の制度の上でできる最大限の支援につなぐためには、周囲がその支援について知っておく必要がある。こども家庭庁が運営するこどもの未来応援国民運動ホームページ（https://kodomohinkon.go.jp/）などには、国や自治体の支援、子ども食堂を探すことができるほか、お役立ちリンク集等も掲載している。もちろん、現存する制度

のみでは支えられないこともあるため、制度の改善等につながる声をあげていく必要もあるだろう。家庭の社会経済的状況は、周囲から直接的には手を差し伸べにくいものであり、その援助は難しいと感じられるかもしれない。しかし、そうしたしんどい背景を知るように努め、何もできなくても一緒に抱えるだけで救われる想いがあることを心に留めておいてほしい。

[2] マジョリティでない特徴をもつこと

1）発達障害　多く耳にするようになった**発達障害**は、私たちにとって身近なものである。通常の学級に在籍する特別な教育的支援を必要とする児童生徒に関する調査の結果、知的な発達に遅れはないものの、学習面または行動面で著しい困難を示すとされた児童生徒の割合は 8.8% と報告されている（文部科学省, 2022a）。特別支援学校や特別支援学級に在籍する子どもに加え、通常学級においても1学級におよそ3人の割合でこうした子どもたちがいるという事実は、学校のなかでも、その後の社会においても、発達障害がかなり身近な存在であることを示している。

　発達障害は、別の意味での身近さがある。代表的な発達障害の一つである**自閉症スペクトラム障害**は、その名にあるとおり、障害か障害でないかという二分ではなく、自閉症スペクトラム障害的特徴をどの程度もち合わせているかというとらえ方がなされる。コミュニケーションに苦手さがあったり、こだわりをもっていたりすることが、この障害の診断基準とされるが、こうした特徴は**図 9-2** の実線で描かれているように、多かれ少なかれすべての人がもち合わせているものなのである。診断については、その特徴をもっていることのみでなされるものではなく、社会生活に支障をきたしている場合になされる。そのため、診断がつかなくても、こうした特徴を私たちは少なからずもっているという意味においても、発達障害は身近なものなのである。

　とはいえ、その特徴を色濃くもっている人たちは多数派ではない。良し悪しは別にして、社会は多数派にとって便利なように形成されることが多く、その特徴をあまり色濃くもたない人々が多いこの社会において、発達障害の特徴を色濃くもつ人々は適応しづらい部分が出てくる。仮に、**図 9-2** に描かれた点線のように、自閉症スペクトラム障害的特徴を高くもつ人が多い社会では、そうした特徴をあまりもたない人たちが適応しづらくなる可能性は高い。もちろ

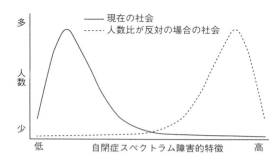

図 9-2　自閉症スペクトラム障害的特徴をもつ人の分布イメージ

ん、発達障害の理解はこの見方のみでは不十分であるものの、少数派であることによる生きづらさもあるとすれば、関わる際の心持ちも少し変わるのではないだろうか。社会においてマジョリティでない特徴をもつことは、困難を抱える一因となり得るものであるが、数の上でも貴重な特徴をどのようにこの社会で活かしていくのかを考えていく必要があるだろう。

2）性的マイノリティ　同様に、**性的マイノリティ**への理解も深めておく必要がある。性のあり方は、生まれもった身体の性別、自分の性別をどうとらえているかという性自認、どういった対象を好きになるかという性的指向という3つの要素がある。そしてこれら3要素の組合せによって、女性として女性が好きなレズビアン（Lesbian）、男性として男性が好きなゲイ（Gay）、異性を好きになることもあれば同性を好きになることもあるバイセクシュアル（Bisexual）、生まれもった性別とは異なる性別を生きるトランスジェンダー（Transgender）、そして自分の性自認や性的志向が定まっていなかったり、定めていなかったりするクエスチョニング（Questioning）の頭文字に、容易に一括りにすべきでない多様性という意味を加え、**LGBTQ+**といった表現もなされる。さまざまな困難にあいやすいとされるLGBTQ+について、現代社会における意義等も含めて理解を深め、尊重し合えるよう努める必要がある。

3）外国籍の子ども　外国籍の子どもへの対応もまた、現代では必要性が増している。公立の小中高において、**日本語指導**が必要な児童生徒数は、ここ10年でおよそ1.5倍に増加しており、2019年の調査では、外国籍の小中学生は12万人を超えている（文部科学省, 2021）。こうした子どもに対する主な施

策として文部科学省（2021）も挙げているように、日本語の指導のみでなく、異文化理解、母語や母文化を尊重した取り組み、進学やキャリア支援等が求められる。また、就学できていない外国籍の子どもも一定数みられるため、就学状況の把握、就学の促進も求められる。外国籍の児童生徒に対する教育については、文部科学省が動画コンテンツも用意しており、知識や技術等が不足する場合には学びを深めていく必要がある（https://www.mext.go.jp/a_menu/shotou/clarinet/003_00004.htm）。

4）ギフテッド　非常に高い能力をもつ子どもは、特に困難はないように思うかもしれないが、実際にはこうした子どももマジョリティではなく、配慮や支援が必要とされる。特定の分野に特異な才能をもつ子どもは**ギフテッド**などと呼ばれ、何らかの配慮や支援も必要と考えられている。あなたが、今の知的能力のまま、小学生にタイムスリップした生活をイメージすると、抱える困難は理解しやすいかもしれない。学校での学習はすべて満点が取れるほどよくできるかもしれない一方、その授業は退屈で、充実感は得られず、さらに教師の授業方法等にも不満をもつかもしれない。また、周囲の仲間とおもしろいと思うことや、話したいと思うことにはズレが生じ、学校で楽しさを感じることや、友人関係を築くことは簡単ではないかもしれない。こうした子どもたちのなかには、知的な側面の発達と、精神的な側面の発達に差がみられ、精神的な発達に対する支援や、感情のコントロールに対する支援が必要になることも少なくない（文部科学省, 2022b）。できることのみに目を捕らわれることなく、1人1人の目線から、その子どもがどんな世界を体験しているのかを理解し、必要な配慮や支援を行っていくことが求められる。

[3] 学校で起こる諸問題——いじめと不登校

1）いじめ　いじめ防止対策推進法[†]（第2条1項）において、いじめは、「児童等に対して、当該児童等が在籍する学校に在籍している等当該児童等と一定の人的関係にある他の児童等が行う心理的又は物理的な影響を与える行為（インターネットを通じて行われるものを含む。）であって、当該行為の対象となった児童等が心身の苦痛を感じているもの」と定義される。1,000人あたりの認知された件数[*1]は（**図9-3**）、2013年度と2022年度を比較すると小学生でおよそ5倍、中学校でおよそ2.2倍、高等学校でおよそ1.6倍、特別支援学校で

およそ3.5倍となっている（文部科学省, 2023b）。2022年度は、全学校のなかでいじめを認知した学校は8割を超えており、1校あたり平均すると18.8件のいじめを認知している。各学校で月に1件以上のいじめが認知されている計算になる。また、学年が上がるにつれて、いじめの認知件数は減少していく。小学1年生ではすでに10万件を超えており、2年生のおよそ11万件をピークとして、6年生でピーク時の55%程度まで下がる。中学生では、1年生から2年生でおよそ4割減少し、3年生はさらにその半分程度まで減少して2万件を下回る。高校生になると中学3年生からおよそ6割減少し、その後も学年とともに減少を続け、高校3年生では3,000件を下回る。この認知件数の変化は、発達とともにいじめが減少していく可能性に加え、外から気づきにくくなる可能性も示していると考えられる。

いじめが起こってしまった場合には、早期に発見して適切な対処を行うことが重要となるが、早期発見は簡単なことではない。文部科学省（2023b）の調査結果からは、認知されたいじめのうち、いじめを受けていると訴えてくれた子どもは2割を下回る程度しかおらず、保護者からの訴えも1割程度である。学級担任が認知できたのも1割を下回っており、子どもとその保護者、そして

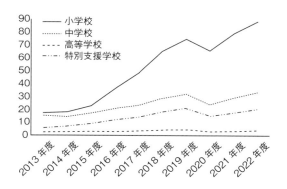

図9-3 学校種別のいじめ認知件数の推移（1,000人あたり）

---

*1 いじめは、第三者（大人）には見えにくく、発生したいじめのすべてを発見することは困難であるため、認知された件数という表現が用いられる。

教師が認知できたのは半数にも満たない。一方、認知されたいじめのおよそ半数を発見した方法がある。それは、アンケート調査等の学校の取り組みである。面と向かって言えないような訴えを、アンケート調査ではすることができている可能性があり、定期的にこうした取り組みが望まれる。そして、いじめの問題は、対応はもちろんのこと、その発見に至っても、学級担任といった教師個人レベルではなく、学校レベルでの取り組みが必要であることも、この調査結果は示している。

2）不登校 　**不登校**も近年増加をしており、学校で起こる代表的な問題の一つである。病気や経済的な理由もなく、何らかの心理、情緒、身体、社会的な背景によって、年間30日以上欠席した者が不登校に該当するが、その割合はここ10年で、小学校で5倍以上、中学校で2倍以上に増加し続けており、高等学校では増減しながら1.3倍程度に増加している（文部科学省, 2023b）。不登校の割合は学校段階によって差がみられており、小学校でおよそ60人に1人、中学校ではおよそ17人に1人、高等学校ではおよそ50人に1人の割合である。小学校や高等学校では、少なくとも2クラスに1人であるのに対し、中学校では1クラスに2人ほど在籍している割合である。また、不登校の主たる要因として、半数程度で無気力・不安が、1割以上の割合で遊びや非行を含む生活リズムの乱れが、いずれの学校段階にも共通して挙げられている。さらに小学生では、親子の関わり方が1割程度、友人関係の問題はその半分程度の割合で挙げられているのに対し、中学生、高校生と進むにつれて親子の関わりは減少し、友人関係が中高生いずれにおいても1割程度まで増加する。このほかにも不登校の要因は、学業や進路等を含め、さまざまな要因に分布しており、統一的な不登校のメカニズムがわからない現状を示している。

　メカニズムは明確でない一方、働きかけによって不登校は改善することも事実である。2016年には「義務教育の段階における普通教育に相当する教育の機会の確保等に関する法律†」（**教育機会確保法**）が公布され、学校に行かない、行けない児童生徒が学校の代わりに過ごす**フリースクール**や、学校復帰に向けた指導・支援を行う**教育支援センター**（適応指導教室）を活用した取り組み等も推進されている。

　文部科学省（2023b）の調査結果では、不登校の小中学生に指導を行った結果、登校に至ったのは3割程度、高校生では半数程度にも及ぶことが示されて

134　第 9 章　現代社会と学校教育（2）——子どもの多様化・複雑化——

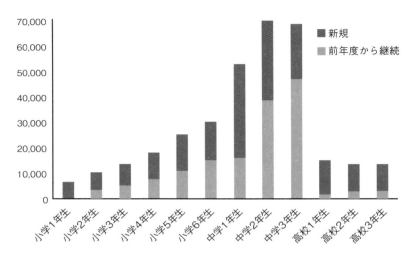

図 9-4　学年別の不登校児童生徒の数

いる。また、文部科学省（2023b）のデータをもとに示した図 9-4 のとおり、不登校児童生徒のうち、前年度から継続している者の数は、前年度の総数よりも必ず少なく、かなりの数が登校を再開している。ただし中学生においては継続率も高いため、予防的な対処と、不登校が継続しないための介入が特に求められるなど、他の学校段階とは異なる対応も必要かもしれない。対応については、不登校の児童生徒の 4 割程度が、養護教諭やスクールカウンセラーなどから学内での指導や相談を受けていることに加え、前述の教育支援センターや病院といった学外の支援も 2 〜 3 割が受けており、校内はもちろん、関係機関との連携が求められる。

9.3　多様性を尊重する教育

　10 m ほどの高さから赤ちゃんを投げ落とし、布などを使って下でキャッチする。こんな様子を目にしたとき、あなたは何を思い、何をするだろうか。大きな危険を感じ、すぐさま止めさせようとするのが、当然の反応かもしれない。しかしこれは、子どもの健康や幸せなどを願い、ある国で伝統的に行われてき

た儀式である。現代の日本で生まれ育っている私たちにとって、このような行為は理解しがたいものである一方、この国の人々にとっては、危ないからと止めに入る行為が理解しがたいかもしれない。自分の視点から見ているのみでは理解できないことが、たとえ同じ国で育っていたとしても多く存在する。

　多様性を尊重するためには、その多様性を本当の意味で理解することから始める必要がある。人の身になって考えることを意味する英語の表現に "put oneself in someone's shoes" というものがある。直訳すれば、「他の誰かの靴を履く」となるが、この表現は人を理解しようとする際に大切なことを表している。例えば、ヒールの有無によって、見える景色も安定感も、また足の疲れ具合も異なる。いつも履いている靴と比較しながら、理解したい人の靴を履くように、見ている景色や履き心地等を体験することが、その人の理解に、そして多様性の理解につながる一歩となる。

　多様性の理解と尊重は、教育のなかでもさまざまに扱われる。例えば、**道徳教育**は、自己の生き方を考え、主体的な判断の下に行動し、自立した人間として他者とともによりよく生きるための基盤となる道徳性を養うことを目標とする。他者とともによりよく生きるためには、他者の多様な姿について理解を深め、尊重することが必然的に求められる。より直接的に多様性の尊重を謳う教育システムとして、障害のある者とない者がともに学ぶしくみである**インクルーシブ教育**が挙げられる。障害者の権利に関する条約において、障害のある者が、生活する地域において初等中等教育の機会が与えられること、必要な合理的配慮が提供されること等が必要とされている。さまざまな特性をもつ子どもたちに教育の機会が提供され、必要に応じて配慮を行いながら、他者とともによりよく生きる基盤となる道徳性等を養っていくことが求められている。

　真に多様性を尊重する教育を行うことには、不安がつきものかもしれない。多様性という言葉のとおり、子どもたちは1人1人異なる存在であり、過去、現在、未来どこをみても同じ子どもはいない。その多様性、個別性に対して、道徳教育であってもインクルーシブ教育であっても、統一的な方法は示されておらず、目の前の子どもに合わせて柔軟に教育を変えていく必要がある。生身の人間を相手にする以上、定式化された方法がないのはどのような教育においても同じである一方、多様性を尊重する教育ではその曖昧さが増す。また、自身の教育によって何が生み出され、どのような帰結が待っているのかを見通す

ことはそもそも困難であるが、現代の日本社会において、自身の目から一見しただけでは理解しがたいことをも尊重する教育の場合には、その後の展開を想像することがより難しく感じられるであろう。そして人間は、予想できないことに不安を覚え、そうした事態を避けようとしがちな生き物である。しかし、今の社会の、あるいは今の自身の価値観をもって否定したり是正したりしたくなる子どもの考えや言動、想いは、実は未来の社会を形作る大切なものかもしれない。現代において想定の範囲内と考えられる世界で縮小再生産をするのではなく、真に多様性を尊重し、想像の及ばない世界の存在を自覚した上で拡大再生産をしていくことが、望ましい教育の姿ではないだろうか。

文　献

阿部彩（2008）．子どもの貧困――日本の不公平を考える――　岩波新書
ベネッセ教育総合研究所（2022）．第6回幼児の生活アンケート ダイジェスト版　ベネッセ教育総合研究所　Retrieved February 27, 2024, from https://berd.benesse.jp/jisedai/research/detail1.php?id=5803
Fam J. Y. (2018). Prevalence of internet gaming disorder in adolescents: A meta-analysis across three decades. *Scandinavian Journal of Psychology*, 59(5), 524–531.
学研教育総合研究所（2023）．白書Webシリーズ　学研ホールディングス　Retrieved February 27, 2024, from https://www.gakken.jp/kyouikusouken/whitepaper/index.html
林承弘（2015）．姿勢と子どもロコモ――子どもの体に異変有り――　日本子どもを守る会（編）2015子ども白書，(pp.61-65)　本の泉社
林承弘・柴田輝明・鮫島弘武（2017）．子どもロコモと運動器検診について　日本整形外科学会雑誌，91, 338-344.
Hirshkowitz, M., Whiton, K., Albert, S. M., Alessi, C., Bruni, O., DonCarlos, L., Hazen, N., Herman, J., Katz, E. S., Kheirandish-Gozal, L., Neubauer, D. N., O'Donnell, A. E., Ohayon, M., Peever, J., Rawding, R., Sachdeva, R. C., Setters, B., Vitiello, M. V., Ware, J. C., & Adams Hillard, P. J. (2015). National Sleep Foundation's sleep time duration recommendations: methodology and results summary. *Sleep Health*, 1(1), 40–43.
数実浩佑（2023）．第3章 SESによる学力格差の経年変化　福岡教育大学　Retrieved February 27, 2024, from https://www.mext.go.jp/content/20230601-mxt_chousa02-000029720-1.pdf
厚生労働省（2023）．2022（令和4）年 国民生活基礎調査の概況　厚生労働省　Retrieved February 27, 2024, from https://www.mhlw.go.jp/toukei/saikin/hw/k-tyosa/k-tyosa22/index.html
こども家庭庁（2024）．令和5年度青少年のインターネット利用環境実態調査――調査結果（速報）――　こども家庭庁　Retrieved February 27, 2024, from https://www.cfa.go.jp/assets/contents/node/basic_page/field_ref_resources/9a55b57d-cd9d-4cf6-8ed4-3da8efa12d63/fc117374/20240226_policies_youth-kankyou_internet_research_results-etc_09.pdf
駒田陽子（2017）．知っておきたい子どもの睡眠　睡眠口腔医学，3, 127-132.
松島京（2017）．子どもの貧困の見えづらさ　学術の動向，22, 14-18.
文部科学省（2021）．外国人児童生徒等教育の現状と課題　文部科学省　Retrieved February 27, 2024, from https://www.mext.go.jp/content/20210526-mxt_kyokoku-000015284_03.pdf
文部科学省（2022a）．特定分野に特異な才能のある児童生徒に対する学校における指導・支援の在り方等に関する有識者会議審議のまとめ　文部科学省　Retrieved February 27, 2024, from https://www.mext.go.jp/content/20220928-mxt_kyoiku02_000016594_01.pdf
文部科学省（2022b）．通常の学級に在籍する特別な教育的支援を必要とする児童生徒に関する調査結果について　文部科学省　Retrieved February 27, 2024, from
文部科学省（2023a）．令和4年度学校における教育の情報化の実態等に関する調査結果（概要）Retrieved February 27, 2024, from https://www.mext.go.jp/content/20231031-mxt_jogai01-000030617_1.pdf
文部科学省（2023b）．令和4年度児童生徒の問題行動・不登校等生徒指導上の諸課題に関する調査

結果について　Retrieved March 11, 2024, from https://www.mext.go.jp/content/20231004-mxt_jidou01-100002753_1.pdf

尾崎米厚（2018）．飲酒や喫煙等の実態調査と生活習慣病予防のための減酒の効果的な介入方法の開発に関する研究　厚生労働科学研究費補助金（循環器疾患・糖尿病等生活習慣病対策総合研究事業研究事業）総括・分担研究報告書　Retrieved February 27, 2024, from https://mhlw-grants.niph.go.jp/system/files/2018/182031/201809016A_upload/201809016A0003.pdf

宿谷あゆみ・膳法亜沙子・小粥智浩・大槻毅（2021）．ストレッチングによる一過性の柔軟性向上──学年間比較による至適年齢の検討──　体力科学, *70*, 307-314.

鈴木美奈子・島内憲夫・広沢正孝（2014）．幸福・健康感覚尺度（Happiness & Health Feeling Scale：2HFS）の大学生を対象とした信頼性と妥当性の検討　日本健康教育学会誌, *22*, 324-332.

第Ⅳ部

教職への意欲と理解を深める

第10章

「教職入門」の学び方・教え方
──学びを深める授業とワーク──

➡ ワーク14　教育課題の質問づくり（p.187）
➡ ワーク15　教師をめざす学生のためのプレゼンテーション授業（p.190）
➡ ワーク16　教職入門を受講する人たちへの手紙（p.193）

本章を学ぶおもしろさ

　読者の皆さんにとって「勉強をがんばりたい」、「もっと学びたい」と思える授業はどういうものだろうか？　そのような授業を実現するために、教職入門ではどのような授業や学びが展開されるとよいのだろうか？

　本章では、これらの問いのヒントとなる授業づくりのエッセンスを紹介している。実のところ、本章は主に教職入門の授業者に向けた解説になっているが、履修学生が読むことで得られる利点も豊富にちりばめている。例えば、教職入門の授業者がどういう"ねらい"をもって授業をつくり、学生にどういう"学び方"を求めているかを考えることができる。そして、皆さん自身の学び方を"メタ的"にとらえるきっかけにもなる。学生の読者は、授業者の視点にも立ちながら、いつもとは違う景色で教職の学びを深めてみよう。

10.1 教職志望者の学びのしくみ

本章では、教職の知識を深め、教職への意欲や進路選択への内省を促すための学習メカニズムを解説してから、教職志望者の学びを支える教職入門の授業設計とワークについて紹介する。教職入門を受講する読者には、本章の解説と併せて、実際に授業を受ける学習者の立場からこの学びの様相を体験的に学んでほしい。きっと、読者が履修する教職入門の授業には、将来、教師になって授業設計を考える際に役立つヒントがたくさん詰まっているはずである。

[1] 自己調整学習の循環プロセス

これからの教師には、主体的・対話的で深い学びを支えるための授業改善が求められる（8章参照）。この主体的な学びに焦点を当てた理論体系が**自己調整学習**（self-regulated learning）である[*1]。自己調整学習とは、学習者が主体的に学習活動に関わり、目標達成に向けて自らの学習を調整しながら進める学び方である。自己調整学習では、学習者がある課題に取り組むとき、①予見、②遂行、③内省のサイクルを循環させながら、主体的で自律的な学習を実現していく（図10-1）。この学習の循環プロセスは、子どもから大人まで、生涯を通

図10-1　自己調整学習の循環モデル（Zimmerman & Moylan, 2009を翻訳して作成）

[*1] 自己調整学習は主に教育心理学分野で研究されており、社会的認知理論をはじめとしたさまざまな理論に依拠している。自己調整学習の理論的背景や日本の小学生から高校生を対象にした研究動向については、岡田（2022）を参照してほしい。

じたさまざまな学習活動で大切なものとなる。

1）予見の段階　①予見は、学習の見通しを立てる段階である。この段階には、課題分析と動機づけの過程が含まれる。

課題分析では、学習の短期的・長期的な目標を設定して（目標の設定）、目標達成に向けた学習の方法や計画を決めていく（方略の計画）。それらの目標や計画は、学習者の動機づけをふまえて決定される。

動機づけには、課題に対する価値や興味、「自分ならできる」（自己効力感）や「この行動をすれば、特定の結果が得られる」（結果期待）といった確信、目標に対する学習者のとらえ方（目標志向性）などが含まれている。

2）遂行の段階　②遂行は、学習の進捗状況を観察しながら学習の計画や方略をコントロールする段階である。

自己観察では、学習過程での努力や成果、さらには学習に影響したできごとなどを含めた記録を作りながら（自己記録）、学習の遂行状況の良し悪しを監視していく（メタ認知的モニタリング）。

そして、自己コントロールでは、学習遂行を向上するための調整を行っていく。例えば、学習内容の理解を深めるために問題文を読んで自問自答する（自己教示）、文字情報を樹形図などに書き換える（イメージ化）、友人とクイズ形式で問題を出し合いゲーム性を高める（興味の喚起）、効率的に勉強するための道具や集中できる学習環境を整える（環境構成）、やるべき課題を終えるまで遊びを我慢する（結果の自己調整）などがある。

3）内省の段階　③内省は、自らの学習結果に対する自己判断や自己反応などを振り返り、次の学習へとつなげる段階である。

自己判断では、学習成果に対する評価（自己評価）、学習の成功／失敗が生じた原因の推論（原因帰属）を行う。原因帰属の種類には、努力要因（「努力が足りなかった」など）、能力要因（「自分は頭が悪いから失敗した」など）、課題の困難さ要因（「課題が難しすぎた」など）、運要因（「たまたま今回だけ点数が悪かった」など）がある (Weiner, 1986)。

自己反応は、学習成果に対する認知的・情緒的な反応を指す。具体的には、学習成果に対する満足または不満足（自己満足／情動）、次の学習に取り組む意欲の向上または学習の回避や無気力（適応的決定／防衛的決定）が生じる。このような内省の結果は、新たな課題に取り組む際の①予見に影響するという

フィードバックループを作り出していく。

[2] 自己調整学習を支える要素

　自己調整学習の3段階のサイクルを支える重要な要素として、動機づけ、メタ認知、学習方略がある（岡田, 2022）。以下ではこれらについて概観していく。

　1）動機づけ　　動機づけとは、ある目的に向けた行動の生起や、その行動を維持する際に働く心理過程である。ライアンとデシの自己決定理論（Ryan & Deci, 2000）によると、動機づけの種類はある行動に従事する際の自己決定性（自律性）の程度により、**内発的動機づけ**と**外発的動機づけ**に大別できる（**図10-2**）。

　内発的動機づけは、自分の内面から沸き起こった興味や好奇心によって生じる動機づけである。例えば、「教職について学ぶことが楽しい、もっと知りたい」と感じて、自分の意志で勉強を進めている状態は内発的動機づけといえる。

　一方で、外発的動機づけは、報酬や罰、賞賛、義務など、自分以外の要因によって生じる動機づけである。さらに、外発的動機づけは自己決定性によって四つの調整スタイルに分けられる。その詳細は、**図10-2**を参照してほしい。

　教職科目の履修者で言うと、勉強は大変だけど、将来は教員になりたいから（統合的調整）、教員免許状を取得するメリットは多いから（同一視的調整）と考えて自律的に履修した学生もいるだろう。一方で、自分では強く望まないが、教員免許状の取得を家族が勧めるから（取り入れ的調整）、仕事につながる資格を一つでも取得しないと親がうるさいから（外的調整）という理由で履修した学生もいるかもしれない。そもそも教職科目を履修しない、もしくは、履修

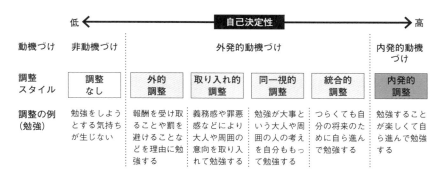

図10-2　動機づけの自己決定性（Ryan & Deci, 2000をもとに作成）

していてもやる気が出ずに欠席が続く学生は、非動機づけの状態といえる。

動機づけの状態には、自分の意志や責任で行動する欲求（自律性）、自分の能力を示して発揮する欲求（有能感）、他者や集団とつながり関係を構築する欲求（関係性）が根底にある。学生の動機づけを自己決定性の高い状態に移行させるには、これらの心理的欲求を充足できる授業や環境設定について考える必要がある。

2）メタ認知　メタ認知とは、簡単に言うと、自分の認知活動（思考、感情、記憶、判断など）に対する認知である。例えば、勉強でつまずく子どもは「勉強のしかたがわからない」、「自分は何がわからないのかが、わからない」と言うことがある。また、実際には記憶や理解が不十分なのに、少し勉強しただけで理解したつもりになっていることもある。これらはいずれも、メタ認知ができていない状態といえる。

メタ認知のなかには、**メタ認知的活動**と**メタ認知的知識**が含まれる（三宮，2018）。図 10-3 はこれらの働きの模式図である。

メタ認知的活動は、自分の認知活動に対するモニタリングや、その結果をふまえて目標・計画の設定や方略のコントロールを行う。このメタ認知的活動を支えるためにはメタ認知的知識が必要となる。

メタ認知的知識には、人間の認知特性の知識（「人は疲れたときに勉強をしても効率が悪い」、「自分は騒がしい場所だと勉強に集中できない」など）、課題の知識（「レポート課題では論理的な記述が求められる」など）、方略の知識（「文章や図や表にしてノートに整理すると理解しやすい」など）がある。

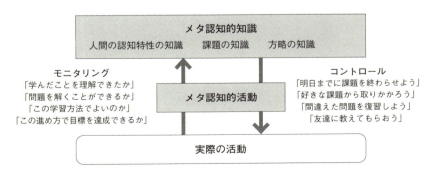

図 10-3　メタ認知的知識とメタ認知的活動の関連

3）学習方略　メタ認知的知識のなかには、学習方略の使い方や有効性などに関する知識も含まれている。学習方略とは、学習を効果的に進めるための手立てである。学習方略に関する知識をたくさんもっていれば、自分にとって有効な勉強方法の選択肢が広がるだけでなく、課題や学習状況に合わせた学習方略の使い分けもできる。すなわち、学習遂行を向上するための自己調整がしやすくなる。学習方略の主な種類としては、以下の3つが挙げられる(梅本, 2013)。

①**認知的方略**は、学習内容の理解や記憶を促すための方略である。例えば、「繰り返し読んで覚える」、「間違えた問題をノートで復習する」、「学習した内容をまとめて関連づけながら覚える」といった実際の学習遂行のなかで用いられる方略である。

②**メタ認知的方略**は、自分の認知活動をモニターしてコントロールするための方略である。具体的には、「1日の勉強時間を計画してから取り組む」といったプランニング方略や、「勉強のやり方が自分に合っているかを考えながら勉強する」といったモニタリング方略などがある。

③**動機づけ調整方略**は、自分の動機づけを高め、維持するための方略である。勉強の例を挙げると、勉強内容でおもしろそうな部分を探してみる（興味高揚）、勉強の内容が将来の役に立つと考える（価値づけ）、友人と一緒に勉強する（協同）、自分の好きな場所で勉強する（環境調整）、勉強は自分に必要なことだと言い聞かせる（認知変容）などの方略がある(梅本・田中, 2012)。

[3] 自己調整学習を支える授業者と仲間

　自己調整学習は、動機づけやメタ認知能力の低さ、学習方略の乏しさによって、自分の力だけではうまく調整できず行き詰まることもある。教職入門の履修者の例だと、教職について学ぶにつれて「教師の仕事が自分に合うかがわからなくなった」と感じたり、「教師になるために必要な学びや、そのための勉強のしかたがわからない」と悩んだりもする。その際、授業者や教職を志望する仲間の存在は、授業内外で教職志望者の動機づけ、メタ認知、学習方略に作用して、より高次な自己調整学習へと発達させる役割を担っている。

　以下では、大学の授業で自己調整学習を促すための主なアプローチである、①授業者のフィードバック、②学習プロトコル、③協働学習を紹介する。これらを用いた授業実践では、学生の動機づけ、メタ認知、学習方略、学業遂行（テ

スト成績や GPA）を向上する効果が示されている (Theobald, 2021)。

1）授業者のフィードバック　授業者のフィードバックでは、学習の目標と遂行状況、及び、目標達成に向けた具体的な改善方法などを言語化して学習者に伝える。それにより、学習者は自分の遂行状況や改善策に気づき、効果的な学習方略の知識を増やせる。つまり、授業者のフィードバックは、学習者の課題分析や学習遂行のコントロール・モニタリングを促す機能がある。加えて、学習者の自己効力感の向上とも強く関連している (Theobald, 2021)。

フィードバックの目的は、学習の到達目標や学習者の現在の状況（長所や短所）に関する情報を提供すること、そして、到達目標と学習者の遂行の間にあるギャップを解消させる提案をすることである (Bürgermeister et al., 2021; Hattie & Timperley, 2007)。大学の授業では学生の提出課題に対して授業者がフィードバックすることが多いが、そのフィードバックが課題の点数だけでは学習者の自己調整を促す効果は薄いだろう。質の高いフィードバックには、課題の正解／不正解や励ましの言葉だけでなく、課題解決に向けたプロセスや自己制御を促す助言といった建設的な情報が必要となる (Hattie & Timperley, 2007)。

2）学習プロトコル　学習プロトコルは、学習のフォローアップとして学習の遂行や成果を考察する筆記課題である。学習プロトコルの作成は、学習者の学習遂行のモニタリングや内省を刺激して促す働きをする。この学習プロトコルを定期的に書き記したものは**学習日誌**（learning journal）と呼ばれる。

学習日誌の例として、講義終了後のミニッツペーパーで学習内容に対する考察を毎回書かせる方法がある。しかし、ミニッツペーパーを課しても、自分の学習遂行を深く考察できず、資料の文言を書き写すだけの学習者もいるだろう。そのような学習者に対して、授業者は学習遂行を振り返るための質問や手立て（プロンプト）を与えることで、学習者のメタ認知を活性化できる (Nückles et al., 2020)。前述した例であれば、「まだ理解できていない点や疑問を挙げよう」、「あなたの経験と結びつけて考えよう」といったプロンプトが考えられる。

3）協働学習　協働学習[*2]はグループ（4, 5 名程度）で協力して行う学習

[*2] 「協同学習」、「協働学習」、「協調学習」、「共同学習」はいずれもグループで協力しながら行う学習形態を指す。本書では「協働学習」に用語統一して解説するが、教師主導で行われる「協同学習」（cooperative learning）と学習者主導で行われる「協調学習／協働学習」（collaborative learning）を使い分ける論考もある。詳細は友野（2016）を参照してほしい。

形態であり、グループ成員が共通の目標達成に向けて、相互尊重のなかで互いに努力しながら進める学習活動を指す。協働学習のなかでグループ成員が互いの学習遂行に貢献して集団全体で調整し合うプロセスは、**社会的に共有された学習の調整**（Socially shared regulation of learning）と呼ばれ、個人と集団が相互に影響し合うグループダイナミクスによってグループ成員のメタ認知、動機づけ、感情に複雑に作用していく (Singh & Muis, 2024)。

　協働学習では、仲間から効率的な学習方略を見て聞いて学ぶことができる。また、議論や教え合いのなかで、仲間にわかりやすく説明するために学習内容を深く理解したり、新たな視点に気づけたりなど、メタ認知を活性化する機会も得られる。さらに、仲間とつながることで授業や学習に対する動機づけが高まる可能性もある。教職志望の学生同士ならば、仲間の教職志望理由や悩み、教師になるための準備や勉強方法を知って、教職に向けた動機づけや方略が変化することもあるだろう。一方で、協働学習では、グループ内に支配的で高圧的な仲間や手を抜く仲間がいる場合、他の仲間が不満を感じて協働活動が円滑に進まないリスクもある。そのため授業者が、協働学習のルールや進め方、及び、肯定的なコミュニケーションや対話の方法を学習者に指導することや、協働学習の取り組みを見守って支援することも必要である。

　また、協働学習の要素の一つに、学習者同士が互いの課題やパフォーマンスを評価してコメントを与える**ピアフィードバック**がある。ピアフィードバックでは学生が評価者としての責任を負い、学生同士の対話や合意にもとづいて公正・公平な評価プロセスに参加する。ピアフィードバックでは、客観的な評価基準や評価結果の説明に関する認知プロセスが活性化される。この認知プロセスは自分の課題やパフォーマンスの評価にも適用できるため、ピアフィードバックは、仲間だけでなく自分の学習内容の深い理解や内省を促す効果もある (Nicol et al., 2014)。特に、教職志望の学生がピアフィードバックを経験することは、将来勤める学校の児童生徒や同僚教師の自己調整を促すフィードバック方法を体験的に学べるよい機会となる (Bürgermeister et al., 2021)。大学の授業者の立場からみた場合、特にクラス規模の大きい授業では、学生一人ひとりに授業者のフィードバックを継続して与えることが時間面や労力面で難しいため、ピアフィードバックで補完することも有用だろう。

　質の高いピアフィードバックを学生同士で実施するために、授業者は評価の

観点やフィードバック方法（長所と短所を整理する、学習改善に向けた建設的なフィードバックをするなど）を継続的に説明・訓練することや、評価の正確性を保つために単一の人だけでなく複数の人からフィードバックが得られるように活動形式を工夫することが推奨される (Evans, 2013)。さらに、課題の性質によって適否はあるが、さまざまな評価の観点と採点基準をまとめた**ルーブリック**を学生に活用させることも有用である (Bürgermeister et al., 2021)。

10.2 教職入門の授業設計とワーク

[1] 授業設計のエッセンス

　教職を学び始めた初学者のなかには、自分が学校で受けた教育経験や昨今のニュース報道などにより、教職について歪曲した知識や認識をもつ者や、教職に就くことの不安やネガティブなイメージを強くもつ者もいる。教職課程における学びの第一歩となる「教職入門」では、学習者の新しい知識獲得と誤概念の修正を促しつつ、教職の授業や進路に対する動機づけを高める工夫が重要となる。

　学習者の動機づけ、そして、自己調整学習を促す授業者の心がけとして、Nilson (2013) は「学生が成功するための舞台を設定する」ことを推奨している。その具体的な手立てには、授業の課題や活動に対して学生が肯定的感情をもてるように工夫すること、安心や信頼が感じられる肯定的な授業雰囲気を作ること、アイスブレイクやグループ活動を設けて学生同士が互いをよく知り共同体の感覚を作ることなどがある。教職入門における課題や活動の工夫を考えると、学生がネットやニュースで見聞きする学校教育の最新課題、学生の過去経験や将来と密接に関連して身近に感じられる課題、自由にテーマ設定して探求できる課題などは、学生の興味や関心を喚起しやすいだろう。さらに、課題の成果を学生同士で共有またはクラスで発表する機会を設定すれば、動機づけの根底にある有能感や関係性の欲求に作用して、「もっとがんばって課題をやろう」という気持ちや学習行動を促す効果も期待できる[*3]。

　なお、大学では一般的に、1科目あたり15回の授業で構成される。本書を活用する授業者は、自己調整学習の知見を土台にしつつ、履修者の人数や特徴、

大学の設備や**学習管理システム***4などを勘案しながら、全15回の授業計画と実践方法を構想する必要がある。

　そのヒントとして、すべての授業科目（コース）に共通して使える、自己調整学習を促す授業実践の基本的な例を**表10-1**に示す。これらの例は、Nilson（2013）が自己調整学習の理論や実証知見にもとづいて提案した活動の一部を、筆者が「教職入門」の内容に合わせて補足したものである。大別すると、「教職入門」（全15回）の開始時に実施できる活動（①、②）、各授業回の講義の中で定期的に実施できる活動（③から⑦）、学びの総括となるレポート（⑧）がある。今回紹介する活動以外に、Nilson（2013）やBarkley & Major（2015）ではすべての授業科目（コース）に共通して使えるたくさんの実践方法や学習評価のあり方を解説しているので、興味のある読者は引用の訳書を参照してほしい。

[2] 授業で使えるワーク

1）ワークのねらい　本書の読者の多くは、教職を学び始めたばかりの初学者である。本書を読み、授業を受講するなかで、教職について新たに知ったことや気づいたことがたくさんあったはずである。一方で、本書の内容はあくまでも教職の概説であり、本書では書ききれない内容や、もっと深く学んでほしい内容もたくさん残っている。さらに、教職を取り巻く現状は今も変化し続けているため、本書では対応しきれない内容は増えていくだろう。

　本書のねらいは、教職の意義、教員の役割・資質能力・職務内容を伝えることで教職に対する興味・関心を引き出し、読者自身が「もっと知りたい、調べたい」と考えて主体的に学ぶためのきっかけを作ることにある。その一助となることを願って作成したのが、p.154からの授業で使えるワークである。

---

*3　この動機づけの状態は、「発表は好きだし楽しみ（内発的動機づけ）」もあれば、「人前で恥ずかしい発表や失敗はしたくない（外発的動機づけ）」などさまざまである。きっかけは何であれ、肯定的な雰囲気のなかで課題に対する建設的なフィードバックを得られれば、学生は「次もがんばろう」という肯定的感情や自己効力感が高まり、自己調整学習のよい循環が生じるだろう。

*4　学習管理システムとは、オンラインで教材の配布、課題提出、学生同士のコミュニケーション、学生の学習履歴の記録・管理などができるプラットフォームである。学習管理システムの活用により、学習時間や資料閲覧なども含めた学生の学習データが可視化でき、フィードバックのやりとりも効率化できる。

表 10-1 自己調整学習を促す授業実践の例

活動（Nilson, 2013）	実施時期	内容
① コースの目標についての論述	開始時	授業に対する肯定的な目標を学生に意識させるために、「なぜこの授業を履修したのか」、「授業におけるあなたの目標は何か」を論述させる。この課題はアイスブレイクや小グループでの短い議論としても実施できる。
② コースの知識やスキルの自己評価	開始時	最初の授業で学習内容に関わる知識を確認する課題を課す。例えば、「教職の意義とは何か」などを自分なりに論述させて、受講する準備として既有知識を活性化させる。さらに、最後の授業で自分が書いた論述の添削をさせると、メタ認知や学習成果の内省を促すことができる。
③ 講義中のペアやグループでの活動	進行中	1人が授業内容をノートや資料を見ずに要約し、もう1人（または複数）がその要約の正確さをフィードバックする。ほかにも、授業内容の要点や質問をたくさん書き出して質問し合う方法もある。これらの活動を講義の途中に挿入することで、授業に対する集中力の維持にも効果がある。
④ 講義終了時のミニッツペーパー	進行中	学習プロトコルとして、学んだことの意味や個人的意義をふり返らせて書かせる。記入する媒体は紙でもよいが、学習管理システムを用いれば授業者のフィードバックや学習日誌の管理もオンラインで効率的にできる。
⑤ 真正で曖昧な問題に関するメタ課題	進行中	多様な解決方法やトレードオフが生じる問題（メタ課題）では、自分が導き出した解決方法を説明する根拠や原理・理論をメタレベルで考える。教職入門で使えるメタ課題の例として、教育場面の事例検討、学校や教職を取り巻く近年の諸問題の検討などが考えられる。
⑥ 体験学習についてふり返るメタ課題	進行中	フィールドワークやインターンシップなどの体験学習で生じた自己調整プロセスを記述させる。その際、授業者は自己調整に関する観点や内省を促す問いを提示するとよい。体験学習に関する報告会の実施も有用である。
⑦ 学生によるテスト問題の作成	進行中	個人や小グループで客観式のテスト問題を作成する。授業者は問題の一部を実際の試験に使うことを事前に伝えておくと、学生は問題の採用に向けて努力し、学習内容の要点を深く吟味していく。加えて、難解な問題を作ると仲間の反感を買うため、適正な問題を作成しようとする。
⑧ 「将来の活用法」をまとめるレポート	終了時	コースで学んだ概念やスキルで最も重要なものを三つ挙げて、それらの内容、重要とする理由、自分が教職に就く際の活用方法を論述させる。この作業を通して、授業内容と教育実践を結びつける内省を促す。その際、現職教員のインタビューや講話を聴く機会があると、作成の参考にもなる。

2）ワークの活用方法　本書は、大学で開講される教職科目での活用を意図している。1章から9章の概説と併せて、ワークも適宜実施してほしい。**表10-2**は、本書で紹介するワークの一覧である。ワーク1〜13は対応章で学んだ内容を深めるワークであり、ワーク14〜16は授業者や学生が任意でテーマを設定できるワークである。

各ワークの内容や進め方もさまざまであり、自分自身の内面や教育経験を振

表 10-2　授業で使えるワーク

ワーク No.	題目	対応章
1	教師として大切にしたい姿	1 章
2	私の「成長曲線」を描こう	2 章
3	地域や学校の「働き方改革」への取り組みを探そう	2 章
4	学校と保護者・地域の連携	3 章
5	リフレクション（ALACT モデル）①	4 章
6	リフレクション（ALACT モデル）②	4 章
7	自分の「性格的な強み」を見つけて活用しよう	5 章
8	ブレイン・ストーミングによる問題解決	6 章
9	認知再構成法	6 章
10	「教育実践の遺産」に学ぶ	7 章
11	学校教育で育てたい資質・能力	8 章
12	「考える」に焦点化した授業づくり	8 章
13	多様性の理解	9 章
14	教育課題の質問づくり	全章
15	教職をめざす学生のためのプレゼンテーション授業	全章
16	教職入門を受講する人たちへの手紙	全章

り返るワーク、教室にいる仲間と課題について議論するワーク、一人ひとりが興味のある教育課題を探究するワークなどがある。各ワークのねらいは、ワークシート末尾にある「ワークで学べること」で解説している。

　なお、ワークシートのファイルは下のリンクからダウンロードできる。授業者は授業の目標やねらいに沿って、ワークシートの内容や進め方をやりやすい形に調整して活用してほしい。例えば、ワーク 1「教師として大切にしたい姿」は自分がめざすべき教師像を内省する個人ワークであるが、授業内で小グループを作って学生同士でワークシートに記入したことを共有させてもよい。このような対話的な学びを授業内に入れることで、学生は自分とは異なる教師像や考え方にも触れることができ、自分がイメージした教師像を多角的に見つめ直すきっかけにもできるだろう。

ワークシートのダウンロードはこちらから
　➡ https://www.nakanishiya.co.jp/book/b10131876.html

文　献

Barkley, E. F., & Major, C. H.（2015）. *Learning assessment techniques: A handbook for college faculty.* San Francisco: John Wiley & Sons.（バークレイ，E. F・メジャー，C. H　吉田塁（監訳）（2020）. 学習評価ハンドブック――アクティブラーニングを促す50の技法――　東京大学出版会）

Bürgermeister, A., Glogger-Frey, I., & Saalbach, H.（2021）. Supporting peer feedback on learning strategies: Effects on self-efficacy and feedback quality. *Psychology Learning & Teaching, 20*(3), 383-404.

Evans, C.（2013）. Making sense of assessment feedback in higher education. *Review of educational research, 83*(1), 70-120.

Hattie, J., & Timperley, H.（2007）. The power of feedback. *Review of educational research, 77*(1), 81-112.

Nicol, D., Thomson, A., & Breslin, C.（2014）. Rethinking feedback practices in higher education: a peer review perspective. *Assessment & evaluation in higher education, 39*(1), 102-122.

Nilson, L. B.（2013）. *Creating self-regulated learners: Strategies to strengthen students' self-awareness and learning skills.* Stylus Publishing, LLC.（ニルソン，L. B.　美馬のゆり・伊藤崇達（監訳）（2017）. 学生を自己調整学習者に育てる――アクティブラーニングのその先へ――　北大路書房）

Nückles, M., Roelle, J., Glogger-Frey, I., Waldeyer, J., & Renkl, A.（2020）. The self-regulation-view in writing-to-learn: Using journal writing to optimize cognitive load in self-regulated learning. *Educational Psychology Review, 32*(4), 1089-1126.

岡田涼（2022）. 日本における自己調整学習とその関連領域における研究の動向と展望――学校教育に関する研究を中心に――　教育心理学年報, *61*, 151-171.

Ryan, R. M & Deci, E. L.（2000）. Self-determination theory and facilitation of intrinsic motivation, social development, and well-being. *American Psychologist, 55*, 68-78.

三宮真智子（2018）. メタ認知で＜学ぶ力＞を高める――認知心理学が解き明かす効果的学習法――　北大路書房

Singh, C. A., & Muis, K. R.（2024）. An integrated model of socially shared regulation of learning: The role of metacognition, affect, and motivation. *Educational Psychologist, 59*, 1-18.　https://doi.org/10.1080/00461520.2023.2294881

Theobald, M.（2021）. Self-regulated learning training programs enhance university students' academic performance, self-regulated learning strategies, and motivation: A meta-analysis. *Contemporary Educational Psychology, 66*, 101976.

友野清文（2016）. Cooperative learningとCollaborative learning　学苑, *907*, 1-16.

梅本貴豊・田中健史朗（2012）. 大学生における動機づけ調整方略　パーソナリティ研究, *21*, 138-151.

梅本貴豊（2013）. メタ認知的方略, 動機づけ調整方略が認知的方略, 学習の持続性に与える影響　日本教育工学会論文誌, *37*, 79-87.

Weiner, B.（1986）. *An attributional theory of motivation and emotion.* New York: Springer-Verlag.

Zimmerman, B. J., & Moylan, A. R.（2009）. Self-regulation: where metacognition and motivation intersect. In D. J. Hacker, J. Dunlosky, & A. C. Graesser（Eds.）, *Handbook of metacognition in education*（pp. 299-315）. New York: Routledge.

154　第10章　「教職入門」の学び方・教え方 ──学びを深める授業とワーク──

ワーク① 教師として大切にしたい姿　→1章

課題1

あなたが教師として特に大切にしたい姿は何ですか？　以下の例から、あてはまる姿を最大3つまで選び、それらを大切と考える割合を帯グラフに記入してみよう。

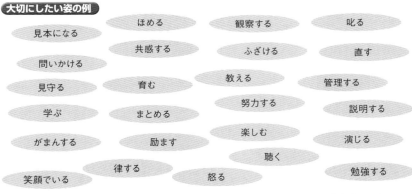

大切にしたい姿の例

見本になる　ほめる　観察する　叱る
　　共感する　ふざける　直す
問いかける
見守る　育む　教える　管理する
　　　　　努力する
学ぶ　まとめる　　　　説明する
　　　　　楽しむ
がまんする　励ます　　　演じる
　　　　　　　聴く
笑顔でいる　律する　怒る　勉強する

※上記にない姿を選んでもよい。

記入 1回目

0%　　　　　　　　　　　　　　　　　　　　　　100%

〈理由〉

記入 2 回目

0%　　　　　　　　　　　　　　　　　　　　　　　　　　　　　　　100%

〈理由〉

課題 2

1回目・2回目を見比べて、回答や理由に変化はありましたか？　それらに変化があった（変化がなかった）理由を考えてみよう。

〈理由〉

このワークで学べること

「教師として大切にしたい姿」を考えることは、自分が憧れる教師像（めざすべき教師像）のイメージ化につながる。さらには、教師に必要な資質・能力を考える機会にもなる。このワークでは、同じ課題を2回記入できるようワークシートを作成している。読者には、教職について学修する前後（大学講義ならば第1回と第15回）で記入し、自分自身の学びの成果や教師像の変化を感じてもらいたい。

ワーク②

私の「成長曲線」を描こう　→2章

課題1

あなたは、これまでさまざまな人と出会い、さまざまな経験を経て、教職の学びを始めています。あなた自身が、いつどのような出会いや経験を経て成長してきたのかを振り返り、「成長曲線」を描いてみよう。

描き方

・「自分の成長」は、「成長したなという自覚や意識」ととらえて曲線を描いてみよう。

・曲線が急に上昇するときや下降するときなど、特長のある局面は、"ふきだし"で説明しよう。

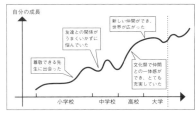

成長曲線の記入例

・記入したくない経験や振り返るのが難しい経験は、記入する必要はない。

● 自分の「成長曲線」を描いてみよう。

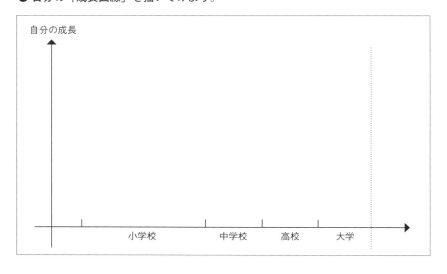

課題2

ペアまたはグループを作り、描いた「成長曲線」をお互いに紹介しよう。

紹介する観点
- どんな時期に成長の実感があったでしょうか？
- 出会った先生や友人の影響はどうでしたか？
- 学校の外や学校内（授業以外の）活動は、あなたにとってどんな経験でしたか？
- 家族や社会のできごとからも影響を受けましたか？

● 共感すること、仲間の新しい一面に気づいたことなどをメモしよう。

このワークで学べること

「成長曲線」を描くことで、あなた自身がさまざま人やできごとを通して変化し、成長してきていること、うれしいことやつらいことなども時間が経ってみると、受け止め方に変化があることなどに気づくことができる。また、それを仲間に紹介したり、仲間の話に耳を傾けたりすることで、人はそれぞれに出会いや経験を通して変化・成長するのだと知ること、その人そのものやその歩みを尊重して受け入れていくことにつながる。

ただし、人によっては、触れてほしくない経験もある。そのようなことに対する配慮を学ぶこともこの活動には含まれている。

ワーク③ 地域や学校の「働き方改革」への取り組みを探そう

→2章

📝 課題1

あなたは、将来教員として働く希望をもつ自治体の教育委員会や学校がどのような「働き方改革」に取り組んでいるか知っていますか？　多くの教育委員会や学校では、「働き方改革」の取り組みをホームページ上で公開しています。あなたが将来働くことを希望している地域や学校の取り組みを調べ、まとめてみよう。

調べ方

・うまく検索ができないときは、検索ワードを変えて調べてみよう。
・学校単独で調べて表示されないときは、市町村や都道府県の教育委員会から調べてみよう。
・将来どこで働きたいか、複数の地域や学校で迷っている人は、それぞれの取り組みを見比べながら、どちらか一つを選んでまとめてみよう。

「働き方改革」の取り組み

課題2

あなたが将来教員として働くとき、大切にしたい勤務条件はどのようなものでしょうか? あなたが優先したい事柄から、順に番号をつけてみよう。

- 【　　】適切な勤務時間
- 【　　】同僚の先生のサポートや協力関係の手厚さ
- 【　　】給与や諸手当の金額の高さ
- 【　　】授業や学校行事などの充実感
- 【　　】部活動などの課外活動
- 【　　】児童生徒との温かな関わり
- 【　　】学級経営や授業実践を通した自分自身の成長
- 【　　】その他 [　　　　　　　　　　　　　　　　　]

 このワークで学べること

　SNS 上には、「教職はブラックだ」などの言説が今も多く流布している。そのなかには、実際の状況を反映したものもあるが、近年の「働き方改革」の取り組みを行う前の情報も少なくない。現在では、働く人としての教師の立場と権利を守り、持続的に成長できる職業として教職の魅力を高める取り組みが多くなされている。皆さんが働きたい地域の取り組みの現状を確認することで、安心して教員への道を進んでほしい。

　二つ目の課題は、皆さん自身が教職に就く前にもっている価値観に気づくためのワークである。おそらく、順位をつけることが難しい項目もあるだろう。このワークを通して、自分のなかにある価値観に気づくとともに、教職にはさまざまな魅力が含まれていることに改めて目を向ける機会になるだろう。

ワーク④ 学校と保護者・地域との連携　→3章

課題1

あなたがこれまでの学校生活で見たり、経験したことのある、保護者・地域と学校が連携した取り組みを挙げてみよう。

取り組みの例

登下校の見守り	校外学習	土曜学習会	読み聞かせボランティア
お楽しみ交流会	お化け屋敷	餅つき	バザー
部活動の指導	水泳授業の見守り	調理実習の見守り	おやじの会

進め方

❶ 自分の経験を思い出そう。

Point　1）取り組みの目的、いつ、どこで、誰が誰と、どのような活動を行ったのか、なるべく具体的にたくさん思い出そう。2）よかったこと、楽しかったこと、大変だったことなど、そのときの自分の気持ちや感想を思い出そう。

❷ 4～5人で思い出した経験を共有して、気がついたことや気になったことをメモしよう。

Point　共有するときは、取り組みの具体的な状況や内容だけでなく、自分の気持ちや感想を明確にして伝えよう。そして、グループで挙がった経験と自分の経験と比較してみよう。

課題 2

課題 1 で挙がらなかった保護者・地域と学校が連携した取り組みについて、調べてまとめて考えてみよう。

材料
・PC やタブレット、保護者・地域と学校の取り組みが分かる書籍など
・身近な小中学生、高校生などへの聞き取りも可

進め方

❶ 特に気になった事例をまとめよう。

　Point　個人で行ってもよいし、課題 1 ❷のグループで行ってもよい。

〈取り組みのテーマ〉

〈目的・内容〉

〈この活動を選んだ理由〉

❷【発展】自分がこれから教職/保護者/地域住民としてやってみたい取り組みを考えよう。

　Point　ワークで挙がった取り組みでもよいし、自分で思いつく活動でもよい。

 このワークで学べること

　課題 1 では、これまでの自分の学校生活における、地域や保護者との関わりを認識するとともに、グループワークを通して、さまざまな取り組みがあることを理解することができる。

　課題 2 では、自分たちが知らないさまざまな活動を知ることで視野を広げ、変化や地域性などを感じることができる。また、発展として、自分が関わってみたい取り組みまで考えることができるとよい。

ワーク⑤ リフレクション（ALACTモデル）① →4章

課題

自分の授業実践を思い出して、ALACTモデル（右図）の「②行為の振り返り」から「③本質的な諸相への気づき」をコルトハーヘンの「八つの質問」に沿って行ってみよう。授業を行った経験がない人は、これまで経験した他者との関わりについての省察を行ってみよう。

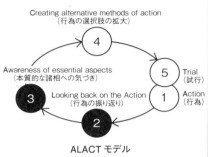

ALACTモデル

個人作業1

● 実施した授業（もしくは他者との関わり）のなかで「何かが違った」「もう少し何かできたのではないか」と考えた場面を一つ想起しよう。そして、想起した場面について、九つの欄を埋めよう。

※答えることができない質問は空欄のままにしておきます。

0. それはどんなできごとでしたか？
「○○の授業」のように漠然とではなく、「△△についての〜〜さんとのやりとり」のようにより具体的なほうが実施しやすい。

ワーク5 リフレクション（ALACTモデル）①

1. あなたは何をしたかったのですか？	5. 相手（児童生徒）は何をしたかったのですか？
2. あなたは何をしたのですか？	6. 相手（児童生徒）は何をしたのですか？
3. あなたは何を考えていたのですか？	7. 相手（児童生徒）は何を考えていたのですか？
4. あなたは何を感じたのですか？	8. 相手（児童生徒）は何を感じていたのですか？

個人作業2

● 「行為の振り返り」として、前ページの自分（左列）と相手（右列）との間にどのような「不一致」があったかを考えてみよう。

個人作業3

● 個人作業2で記した不一致から見出された「本質的な諸相への気づき」（違和感の背景にあった物事の本質、もしくは、大切なこと）は何でしたか？

留意点

できごとの振り返りを記載するにあたり、相手の個人情報の取り扱いには十分に注意しよう（仮名を使用するなどの配慮を行うことが望ましい）。

ワーク5　リフレクション（ALACT モデル）①

このワークで学べること

　本ワークを通して、コルトハーヘンら（2001 武田 2010）の提唱する ALACT モデルによる省察の前半部分（②行為の振り返り→③本質的な諸相への気づき）を体験することができる。本来は授業実践の振り返りに使用されるモデルだが、日常における対人関係での課題の振り返りとしても使用してみよう。振り返りにおける八つの質問を使い、「もう少しできるかも」と思った場面について読み解くことで、自分と相手との間に生じた不一致について気がつくことができるかもしれない。0～8の九つの欄を埋めていくなかで対象となる対人行動を具体的にとらえて（個人作業1）、自分と相手では「どこの違いがあったのか」という不一致や悪循環に気がつくことができる（個人作業2）。そして、それらの不一致や悪循環の背景にあった物事の本質や大切な視点への考察を深める（個人作業3）。

　八つの質問の回答における「空欄」はあなたが日常的に意識しづらいポイントである。本ワークで「行為の振り返り」を丁寧に行うことで、「自分のことなら答えられる」、「自分のやったことなら考えられる」、「相手の感情を理解できていない」など、自分自身の物事のとらえ方の癖にも気がつくきっかけになる。

Korthagen, F., Kessels, J., Koster, B., Lagerwerf, B., & Wubbels, T.(2001). *Linking practice and theory.* Routledge（コルトハーヘン, F. 他（編）　武田信子（監訳）(2010). 教師教育学――理論と実践をつなぐリアリスティック・アプローチ――　学文社）

166　第10章　「教職入門」の学び方・教え方——学びを深める授業とワーク——

ワーク⑥ リフレクション（ALACTモデル）② →4章

課題

ALACTモデル（右図）の「③本質的な諸相への気づき」から「④行為の選択肢の拡大」を行って、ワーク5「リフレクション（ALACTモデル）①」で気がついた自分と相手の不一致を解決する方法を考えてみよう。

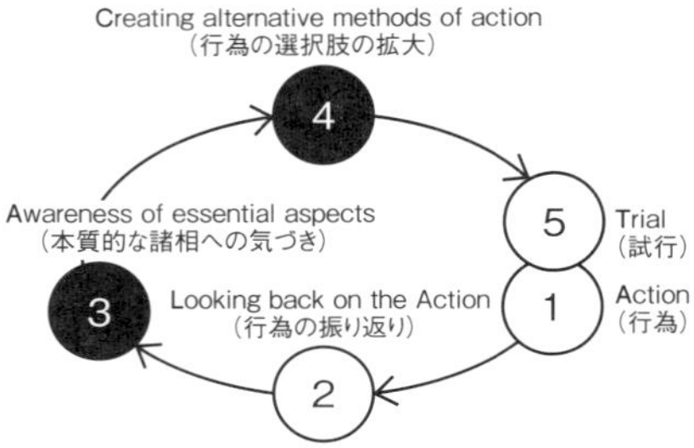

Creating alternative methods of action
（行為の選択肢の拡大）
④

Awareness of essential aspects
（本質的な諸相への気づき）
③

Looking back on the Action
（行為の振り返り）
②

⑤ Trial（試行）

① Action（行為）

ALACTモデル

個人作業 1

● ワーク5で気がつくことができた自分と相手の間にあった不一致を解決するために、自分にできることを思いつくだけ挙げてみよう。

ワーク6 リフレクション（ALACTモデル）②

グループ作業（2〜3名程度）
❶ 1人ずつ順番にワーク5で想定した場面（できごと）の状況と自分と相手の間にあった不一致について報告しよう。
❷ その不一致を解決するためのアイディアをできるだけ多くメンバーに考えてもらおう。

留意点
・メンバーから出たアイディアは、自身の考えと同じものも含めて以下にすべて書き出す。
・メンバーから出たアイディアについての評価はしない。

168　第10章　「教職入門」の学び方・教え方 ──学びを深める授業とワーク──

個人作業2

● 自分で考えた解決方法のアイディアとグループで出たアイディアを比較して、その違いや類似点、気がついた自分の選択肢の特徴についてまとめよう。

❗ このワークで学べること

　このワークではコルトハーヘンら（2001 武田監訳 2010）による ALACT モデルの後半部である「③本質的な諸相への気づき」から「④行為の選択肢の拡大」を体験するものである。

　自身のできごとを振り返り、それによって得られた「本質的な諸相への気づき」に対して、どうすればいいのかの選択肢を考えていく。この選択肢は自分一人でもいくつかは思いつくことができるだろう。しかし、それには限界があるし、自分一人で出した選択肢には偏っている場合もある。

　このとき、誰かと一緒に解決方法を考えることは選択肢の幅を広げることにつながる。多面的に考えていくためにも他者の視点は非常に有効である。このワークを通して、グループで話し合うことによる意見の広がりを体感してほしい。

Korthagen, F., Kessels, J., Koster, B., Lagerwerf, B., & Wubbels, T.(2001). *Linking practice and theory.* Routledge（コルトハーヘン, F. 他（編）　武田信子（監訳）(2010). 教師教育学──理論と実践をつなぐリアリスティック・アプローチ──　学文社）

ワーク7　自分の「性格的な強み」を見つけて活用しよう　169

自分の「性格的な強み」を見つけて活用しよう

→5章

課題1

以下の「性格的な強みのリスト」を見てください。リストのなかから、自分の強みだなと思われるもの TOP 5 を選び、丸で囲んでください。次に、最近1週間以内で自分の選んだ性格的強みを活かしたできごとを記入してみよう。

性格的な強みリスト　（島井他, 2018 の尺度を引用して筆者が修正）

性格的強み	質問項目の抜粋
独創性	わたしは、新しい見方や考え方を思いつき、独自の方法で解決につなげます
好奇心	わたしは、新しいものが好きで、新しい人と出会ったり、新しい経験をしたいと思っています
判断力	わたしは、ものごとをいろいろな側面から検討し、よく吟味した根拠をもって結論を下します
向学心	わたしは、自分の知識や経験を深めたいと考えて、新しいことを学ぼうと熱心に努力します
見通し	わたしは、ものごとの流れや大筋をよくとらえていて、他の人から相談されることも多いです
勇気	わたしは、さまざまな困難を真正面からとらえ、怖がったりしりごみしないで挑戦します
勤勉性	わたしは、障害があったとしても、やり始めたことを完成するまでやり続けることができます
正直	わたしは、まじめで信頼されており、どんなときにも嘘をつくことはありません
熱意	わたしは、人生や日常生活に熱心で、いつも全力でエネルギッシュに活動します
親密性	わたしは、温かくて他の人に寄り添うことができ、他の人からも好かれています
親切心	わたしは、他の人の面倒をみてあげたい、何かしてあげたいという気持ちに満ちあふれています
社会的知能	わたしは、その場の流れや人の気持ちによく気がつき、先回りして行動することができます

性格的強み	質問項目の抜粋
忠誠心	わたしは、グループのメンバーと協力して、チームのために働き、積極的に責任を果たします
公平性	わたしは、平等に機会があることが大切だと思い、みんなに同じように接します
リーダーシップ	わたしは、誰かに従うより、自分がリーダーとしてみんなのために働くのが得意です
寛容性	わたしは、理不尽な扱いを受け流すことができ、他人の失敗を許すことができます
謙虚	わたしは、自分の足りないところを認め、自分よりも他の人の成功を喜ぶほうです
思慮深さ	わたしは、あとで後悔しないように、慎重に計画し、十分に注意深く準備します
自己制御	わたしは、とても自制心があり、自分の感情や行動をコントロールして、平静で落ち着いています
審美心	わたしは、美しいものやすばらしいものを見つけて、それに心打たれて感動することが多いです
感謝心	わたしは、人生のよいできごとをあたりまえとは思わず、ありがたく感じ、その気持ちを伝えます
希望	わたしは、望みがかなうことを期待し、それを信じて楽しく励むことができます
ユーモア	わたしは、人を笑わせるのが好きで、落ち込んだ雰囲気をなごませて楽しくすることができます
精神性	わたしは、人生には大切な意味があると信じており、それにしたがって行動します

● 最近1週間以内で自分の性格的強みを活かしたできごとを書こう。

第10章

課題2

課題1で選んだ「自分の選んだ性格的強み」を1週間、日常生活で使ってみましょう。使ったら、そのできごとを簡単に記入してみてください。使うのは1日だけでもいいですし、毎日書いてもどちらでもOKです。強みを使うときは、自分の強みを意識しながら使いましょう。

強み活用ホームワーク課題　（高橋, 2016 で使用した課題をもとに作成）

記入例	使用した強み	「審美心」「勇気」「親切心」 （例なので複数書いていますが、一つだけでも大丈夫です）	うまく活用できた度
○／× （日付）	具体例	「審美心」：美術館に出かけて絵画や彫刻を見て感動した。 「勇気」：怖そうな教授の授業で、わからないときに手を挙げて意見を言ってみた。 「親切心」：友達の誕生日にサプライズのプレゼントをした	100点

1日目	使用した強み		うまく活用できた度
／	具体例		

2日目	使用した強み		うまく活用できた度
／	具体例		

3日目	使用した強み		うまく活用できた度
／	具体例		

4日目	使用した強み		うまく活用できた度
／	具体例		

5日目	使用した強み		うまく活用できた度
／	具体例		

6日目	使用した強み		うまく活用できた度
／	具体例		

7日目	使用した強み		うまく活用できた度
／	具体例		

●やってみた感想、意見があれば書いてください。

このワークで学べること

「自分の強みを知って活用する」ことを体験するのは、教師になった際の自分がもつ強みや個性は何なのかを考えるきっかけになる。そもそも、教師自身が自分の強みを見つけて仕事や生活に活かすことができなければ、子どもたちがもっている強み（長所）を見つけることや、子どもたちがもつ強みを活用させてよりよく伸ばすこともできないだろう。このワークで活用したリスト以外にも、性格的な強みに関するリストは数多く存在し、また自分なりにアレンジすることもできる。読者には、定期的に強みを意識した生活を送ってもらいながら、自分の強みを活用する機会を増やし、実際に教職に就く前にたくさんの強みを活かした体験を蓄積してもらいたい。

島井哲志・竹橋洋毅・宇惠弘・津田恭充・堀田千絵（2018）．ポジティブ教育の基礎研究（1）品性の強み質問紙CST24の開発と高校生の特徴　日本教育心理学会総会発表論文集 第60回総会発表論文集，167.
高橋誠（2016）．性格特性的強みを活用する介入的実験における「注目」の効果――強みの活用過程における理論的モデルの検証――　東京学芸大学大学院博士学位論文

ワーク⑧ ブレイン・ストーミングによる問題解決　→6章

📝 課題

ブレイン・ストーミングによる問題解決法を、以下のワークにもとづいて練習しよう。

ステップ1　解決したい問題・状況の明確化

自分が解決したいと思っている問題や状況を具体的かつ多面的に書き出そう。

①解決したい問題、状況の明確化

ステップ2　アイディアの算出

ステップ1の問題解決のための行動をできるだけたくさん書き出してみよう。そのアイディアが良いか悪いかは考えず（判断延期の原則）、一つでも多くのアイディアを書き出すことを意識しよう（数の原則）。

ステップ3　実行可能性の評価

ステップ2で書き出した各アイディアの実行可能性を0点（絶対に実現不可能）から10点（今すぐ実行可能）で点数化しよう。

ステップ4　有効性の評価

ステップ3と同様に、ステップ2で書き出した各アイディアの有効性を0点（まったく効果が期待できない）から10点（そのアイディアを実行したら即座に問題が解決する）で点数化しよう。有効性を評価する際には「できないから意味がない」のように実行可能性と混同しないよう意識しながら評価を行うこと。

ステップ5　総合評価の算出

各アイディアの実行可能性と有効性の2つの得点を掛け算して積を算出しよう。その積がアイディアの総合評価となる。この総合評価が高くなるアイディアは、実行可能性、有効性ともに期待できるアイディアである。

ワーク 8 ブレイン・ストーミングによる問題解決

②アイディア	③実行可能性 (0～10)	④有効性 (0～10)	⑤総合評価 (0～100)
・			
・			
・			
・			
・			
・			
・			
・			
・			
・			
・			
・			
・			
・			
・			
・			
・			
・			

ステップ6　実行計画の作成

　総合評価をもとに問題解決に向けた具体的な行動計画を作成しよう。複数のアイディアを組み合わせた行動計画でも構わない。この計画は完璧である必要はなく、問題解決のために、まず何かしらのできそうな計画を立ててみることが重要である。

⑥実行計画

ステップ7　結果の評価

　計画した行動を実践し、その結果を評価しよう。何か改善できそうな点があれば記入する。

⑦結果の評価

このワークで学べること

　ブレイン・ストーミングに基づく問題解決技法を身につけることで、これから経験するさまざまなストレッサーへの問題中心対処の力を身につけることができる。

認知再構成法 →6章

課題

認知再構成法を、以下のワークにもとづいて練習しよう。

ステップ1 できごと・状況を書き出す

自分が落ち込んだり不安になったりするときのできごと・状況を書き出してみよう。このとき、できるだけ客観的な事実のみを書き出すように注意しよう。例えば、「○○に嫌われた」、「○○に怒られた」のような記載は相手の感情を推測した記述となるため、客観的とは言えない。「○○に××された」、「○○に××と言われた」のように第三者からも観察可能な事象のみを書き出すよう意識しよう。

①できごと・状況

ステップ2 気分を書き出す

ステップ1のできごと・状況のなかで体験した気分を書き出してみよう。気分はできるだけひと言で書き出す。例えば、「もう駄目だと思った」だと、これから先の予測（認知）も含まれる。気分は「つらい」、「悲しい」、「怒り」のようにひと言で表現できる。気分の横には（　）をつけ、そのなかに気分の強さをパーセントで表してみよう。また、一つのできごとに対して複数の気分が生じることがある。例えば、新しい職場に赴任するときなどは期待と不安が入り混じるだろうが、そうした場合は「期待（50%）」と「不安（80%）」と生じた気分をすべて記載しよう。

②気分（%）

176　第10章　「教職入門」の学び方・教え方 ──学びを深める授業とワーク──

ステップ3　自動思考を書き出す

　ステップ1で記載したできごと・状況を自分がどのように解釈したり、意味づけたりしているかを記載しよう。自動思考を書き出す際には、「（ステップ1のできごと）に対して（ステップ2の気分）と感じたのは○○と考えたからだ」のように、ステップ1とステップ2の記載を参考にしよう。例えば「先輩に『この仕事早くね』と言われて（状況）、不安（気分）になったのは『自分は仕事ができないやつだと思われている』と考えたからだ」のように考えると「自分は仕事ができないやつだと思われている」という自動思考を特定しやすくなる。また、自動思考の横に括弧をつけ自動思考の確信度を「絶対に正しい（100%）」～「まったく正しくない（0%）」のようにパーセントで表現してみよう。

③自動思考（%）

ステップ4　別の考えを書き出す

　ステップ1で記載したできごと・状況を自動思考以外の解釈ができないか考えてみよう。自動思考と矛盾する事実や、自分が見逃している点、他の人に当てはめたらどのように思うのかを考えてみよう。例えば、ステップ3で挙げた例では、「先輩に『この仕事早くね』」と言われた状況に対して、「自分は仕事ができないやつだと思われている」という解釈を示したが、「先輩は早く仕事を終わらせたいのだろう」などの別の解釈も可能である。自動思考と同様に別の考えについて、ステップ3と同様に確信度を「絶対に正しい（100%）」～「まったく正しくない（0%）」のようにパーセントで表現してみよう。

④別の考え（%）

ステップ5　別の考えをしたときの気分

　ステップ4で記載した別の考えをしてみたときに、ステップ2で挙げた気分がどのように変化するか記載してみよう。気分の改善があまり見られないときには見落としている自動思考がある可能性が高いので、もう一度ステップ3から繰り返してみよう。

⑤別の考えをしたときの気分（%）

> **このワークで学べること**
> 　ストレス対処の技法の一つである認知再構成法を身につけることで、これから経験するさまざまなストレッサーへの情緒中心対処の力を高めることができる。

ワーク⑩ 「教育実践の遺産」に学ぶ　→7章

課題

あなたは市役所の広報誌で「わがまちの歴史と教育」という特集を担当することになりました。図書館にある自治体史（例：『愛知県史』）や教育関係の史料をもとに、特集のテーマを設定し、その地域の教育の歴史的特色が伝わるような特集記事を完成させよう。

ステップ1　特集記事の作成に向けたテーマの設定、情報の収集、整理・分析

❶ 調べた文献・史料リスト

　図書館に行って、手に取ってみた文献・史料を記録しよう（著者・タイトルなど）。自治体によって、ホームページに解説を掲載しているところもあります。「国立国会図書館デジタルコレクション」も活用して、デジタル史資料を閲覧し、どのホームページを参照したのかという点も合わせて記録しておこう。

❷ 特集記事のレイアウト

　見出しや構成を意識して、取り上げたテーマの歴史的意義や特色が伝わるような特集記事にしよう。「伝える」工夫のために、図やイラストも活用しよう。

ワーク 10　「教育実践の遺産」に学ぶ　179

❸ 特集記事の内容

【調べた文献・史料リスト】、【特集記事のレイアウト】をもとに、特集記事をどのような内容にしていけばよいかまとめよう。

ステップ 2　特集記事のまとめ・表現

上記の「ステップ 1」でまとめた「メモ」をもとに、特集記事を完成させよう。特集記事の作成にあたっては、図やイラストを含めて、取り上げた地域の歴史的特色が伝わる構成を意識しよう。【分量：A4 用紙 1 枚】

> ❗ **このワークで学べること**
>
> 　地域にある「教育実践の遺産」に学ぶことは、自分自身の身近な地域でどのように教育の営みが紡がれ、教師たちがどのような工夫をしてきたのかについて理解を深める機会になる。特集記事の作成にあたっては、レイアウトを意識するなど、相手に伝える工夫をしてほしい。自分自身がこのワークで記事作成を実体験するとともに、その体験を自身の授業に NIE（新聞をとりいれた教育活動）をする際の参考にしてほしい。

※自治体史のほかに、教育実践史の研究として下記の文献が参考になる。
臼井嘉一（監修）（2013）．戦後日本の教育実践——戦後教育史像の再構築をめざして——　三恵社
川地亜弥子・田中耕治（編著）（2023）．時代を拓いた教師たちⅢ——実践記録で紡ぐ戦前教育実践への扉——　日本標準
田中耕治（編著）（2005）．時代を拓いた教師たち——戦後教育実践からのメッセージ——　日本標準
田中耕治（編著）（2009）．時代を拓いた教師たちⅡ——実践から教育を問い直す——　日本標準
豊田ひさき（2020）．「学びあいの授業」実践史——大正・昭和前期の遺産——　風媒社

180　第10章　「教職入門」の学び方・教え方 ──学びを深める授業とワーク──

 ## 学校教育で育てたい資質・能力　→8章

課題1

以下に示す資質・能力（A）（B）について、たくさん考えて付箋に書いてみよう。
（A）あなたがこれまでの学校教育で評価されてきた、育てられてきた資質・能力
（B）これからの社会の変化を見通し、その上でこれから必要な資質・能力

材料　付箋（2色）
進め方
❶ （A）について、できるだけたくさん考えて1色目の付箋一つに一つずつ書く。
❷ 自分が考えをすべて付箋に書き終えたら、他の人の付箋を見て意見交換をしながら、さらに自分の付箋をたくさん増やしていく。
❸ （B）についても同様に、2色目の付箋を使って作業する。

課題2

課題1で挙げた付箋を「比較する」ための思考ツールであるベン図で比較してみよう。比較の結果をもとに、これから教師になったときにどのような資質・能力を育成する必要があるか、検討しよう。

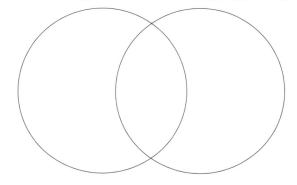

（A）これまで育てられた資質・能力　　（B）これからの社会で求められる資質・能力

〈今後、教師になったときにどんな資質・能力を育成したいか〉

留意点

- ワークで使用する付箋は、紙付箋またはデジタルホワイトボードソフトのデジタル付箋（フリーボード、Google スライド、Whiteboard、Figjam など）などを使用する。
- 紙付箋でワークをする場合は、ダウンロードして拡大印刷したベン図を貼付用紙として使用する。

このワークで学べること

　学校教育の目的は「生きる力」を育むことである。社会の変化が大きい時代だからこそ、教師はこれから必要となる資質・能力を想像し、授業を設計、実施する必要がある。そしてそれは往々にして、自分が児童生徒の時代とは大きく異なる可能性が高い。つまり、自分が児童生徒だったときに受けた「よい授業」を再現しても、それはこれから求められる「よい授業」とは異なる可能性がある。これからの教師には、社会の変化とそこで求められる資質・能力を常にイメージしながら授業を検討することが求められる。このワークを通して、そのような違いを自覚したい。

ワーク⑫ 「考える」に焦点化した授業づくり →8章

課題

授業で求められる「考える」は何かについて、8章で紹介した思考スキルの枠組みから具体化し、授業の流れや支援方法について検討しよう。

❶ 授業場面を一つイメージして、その授業概要を（A）（B）（C）にまとめよう。

イメージする授業場面のヒント

・これまで見たことのある、もしくは自分が受けたことのある授業
・教職課程の授業などで作成した指導案
・ネット上で見つけた指導案

(A) 何を学ぶ授業ですか？（内容）

(B) どのような授業形態で構成されていますか？（講義、個別／協働作業、発表など）

(C) 授業中、学習者は具体的にどのような作業に取り組んでいますか？

❷ イメージした授業場面の取り組みでみられる「考える」には、どんな思考スキルが求められますか？　当てはまる思考スキルにチェックを入れてみよう。

思考スキル	定義	チェック欄
多面的に見る	多様な視点や観点に立って対象を見る	
変化をとらえる	視点を定めて前後の違いをとらえる	
順序立てる	視点に基づいて対象を並び替える	
比較する	対象の相違点、共通点を見つける	
分類する	属性に従って複数のものをまとまりに分ける	
変換する	表現の形式（文・図・絵など）を変える	
関係づける	学習事項同士のつながりを示す	
関連づける	学習事項と実体験・経験のつながりを示す	
理由づける	意見や判断の理由を示す	
見通す	自らの行為の影響を想定し、適切なものを選択する	
抽象化する	事例からきまりや包括的な概念をつくる	
焦点化する	重点を定め、注目する対象を決める	
評価する	視点や観点をもち、根拠にもとづいて対象への意見をもつ	
応用する	既習事項を用いて課題・問題を解決する	
構造化する	順序や筋道をもとに部分同士を関係づける	
推論する	根拠にもとづいて先や結果を予想する	
具体化する	学習事項に対応した具体例を示す	
広げてみる	物事についての意味やイメージ等を広げる	
要約する	必要な情報に絞って情報を単純・簡単にする	

184　第10章　「教職入門」の学び方・教え方 ——学びを深める授業とワーク——

❸ 前の❷でチェックした思考スキルをもとに学習者の「考える」学習活動を適切に支えるための授業展開や支援方法について、できるだけたくさんアイディアを挙げてみよう。

> **このワークで学べること**
> 　授業中では多くの「考える」場面が出てくる。その「考える」を具体化することで、授業の流れや支援の方法を検討することができる。8章で紹介した思考スキルの枠組みを用いて、「考える」を具体化し、「考える」を支援するための授業展開や支援方法を検討してみよう。

ワーク⑬ 多様性の理解　→⑨章

📘 課題

最近、理解できないと感じた他者の言動を思い出し、あなたがその言動を理解できないと感じる理由と、その他者がその言動に至った背景として考えられるものをできるだけたくさん挙げてみよう。

● 理解できないと感じた他者の言動

　例：中年の男性が、ショッピングセンターで騒いでいた子どもに、厳しく叱っていた。

● あなたがその言動を理解できないと感じる理由

　例：子どもを感情的に叱るのはよくないと考えている。子どもは騒ぐものだ。

186　第10章　「教職入門」の学び方・教え方 ──学びを深める授業とワーク──

● その他者がその言動に至った背景
　例：これまで何度もやさしく注意しているにもかかわらず、改善していないのかも。ショッピングセンターの管理者で、他のお客さんから苦情があったのかも。

留意点

・他者の言動については、どんな場所で、どんな人が、どんなふうに行ったものなのか、可能な限り詳しく書く。
・あなたが理解できないと感じる理由については、あなた自身の価値観や、どんなことが普通とされるような環境で育ってきたのかなどを考えてみるとよい。
・その他者がその言動に至った背景については、可能性が低いと思えるものであってもよいのでたくさん書く。

❗ このワークで学べること

　このワークは、多様性の理解のしかたを実践的に育むことを目的としている。いくら多様性を尊重することが大切だと言われても、自身が理解することもできないような他者（の言動や特性など）を尊重することは困難だ。一方で、人の言動には必ずその人なりの理由、背景がある。理解できないという自身の感じ方も同様である。そこで、このワークでは、理解できないという感覚を支える自身の背景への理解を深めるとともに、理解できない言動の背景をさまざまに推測することで、多様性について理解するための視点を学ぶ。このワークを周りの人と共有することで、理解の幅をさらに広げることもできる。

ワーク⑭ 教育課題の質問づくり　→1-10章

📝 課題

教育にかかわるニュースやコラム記事をグループで一つ読み、あなたが「なぜ」と感じた疑問やわからなかったことを尋ねる質問をつくってみよう。

材料

・教育をめぐるニュースやコラム記事（2,000字以上が望ましい）
・模造紙とペン（グループ作業で挙がった「質問」を書き出すために使用）

個人作業

● 記事を読み、「質問」をできるだけたくさん考えて記入しよう。

　例：「○○は何か？」、「なぜ○○なのか」、「どうして○○としたのか」など。

　※ここでは質問の良し悪しは評価せず、どんな質問でも思いついたものを書き出す

〈質問〉

188　第10章　「教職入門」の学び方・教え方──学びを深める授業とワーク──

グループ作業　(4～5名程度)
❶ 一人一つずつ順番に「質問」を発表しよう（3巡して、一人三つ発表する）。
❷ グループで挙がった「質問」を模造紙に正確に書き出そう。
❸ 特に大切だと思う「質問」をグループで三つ選び、それらを選んだ理由を記入しよう。

1	<大切だと思う質問> <理由>
2	<大切だと思う質問> <理由>
3	<大切だと思う質問> <理由>

留意点

- 質問はクローズド質問（はい、いいえで回答できるもの）でも、オープン質問（自由に答えられる質問）でもよい。
- もしニュースに対する意見や主張がある場合は、それを疑問文（質問）の形に変換する。
- 個人作業の際は、周りの人と話し合ったりしない。
- 「質問」を発表する際、聴いている人はその質問に答えたり、評価したりしない。

探究ワーク

● グループで選ばれた「質問」を一つ取り上げて、その質問を検証（理解）するために必要な情報や行動を考えて、**各自で探究してみよう。**

> **❗ このワークで学べること**
>
> 　このワークはハテナソン（佐藤, 2019）を活用したもので、教育に対する深い思考力と対話的な学習スキルの育成を目的としている。ハテナソンは「はてな」と「マラソン」を組み合わせた造語であり、Rothstein & Santana（2011）が提唱した問いづくりのメソッド（question formulation technique）が基本プロセスにある。学生自身が意識的に質問を作る作業は、学ぶことの主体者意識をもたせ、「何をどこまで理解しているか（していないか）」というメタ認知的活動を活性化させる。さらに、グループでの対話は、自分一人では考えられなかった質問や、質問のなかにある本質的な課題に気づくことを促す。このワークでグループ作業③まで実施できれば、上記の目的は達成できる。その質問を検証（理解）するための探究的な学びにつなげる場合は、宿題として探究ワークを実施するとよい。
>
> 　今回、ワークの材料として教育をめぐるニュースやコラム記事を指定したが、例えば、最新の教育をめぐる議論、特色ある授業実践や学校の取り組み、いじめ・不登校の当事者のコラムなど、どんな内容でも活用できる。また、写真や映像でも可能である。なお、筆者の授業では課題を始める前に、質問づくりの練習として水族館にいる複数のチンアナゴの写真を使ってハテナソンを行っている。その際、学生が発表した質問の例としては、「土の中に埋まっている体はどうなっているのか？」、「なぜチンアナゴはみんな同じ方向を向いているのか？」、「なぜチンアナゴという名前なのか？」などが挙げられた。それらの問いの答えが気になる方は、ぜひ調べてみてください。

Rothstein, D., & Santana, L. (2011). *Make just one change: Teach students to ask their own questions.* Harvard Education Press（ロスステイン, D・サンタナ, L　吉田 新一郎（訳）(2015). たった一つをかえるだけ──クラスも教師も自立する「質問づくり」──　新評論）

佐藤 賢一 (2019). ハテナソン──問いを創る学び場──　鈴木 康久・嘉村 賢州・谷口 知弘（編）はじめてのファシリテーション──実践者が語る手法と事例──（pp. 60-61）　昭和堂

ワーク⑮ 教師をめざす学生のためのプレゼンテーション授業 →1-10章

課題

教職をめざす学生が「すごくためになった」と思えるプレゼンテーション資料を作成して、グループ内でミニ授業をしよう。

材料

・Power Point などで作成したプレゼンテーションファイル
・ノートPC、または、タブレット（発表スライドの提示に使用）
・その他、各自が授業で使用するもの

個人作業

● **教職入門を履修する仲間が「凄くためになった」と思えるテーマを設定して、7分間のミニ授業を構想しよう。**

授業作成の手立て

・授業テーマは教職に関するものなら自由に設定してよい。ただし、授業で解説していない、または、授業で感じた疑問を探究できるトピックで授業を構想する。
・授業の目的を明確にする。具体的には、授業を通して教職をめざす学生にどんなことを知ってほしいのか、または、考えてほしいのかを吟味する。
・授業内容に対する自分の問題意識（疑問）、及び、考察を明確にする。
・授業内容は、書籍やインターネットで調べた情報、現職教員への調査やインタビュー、今自分が取り組んでいる学校現場での諸活動や体験の紹介など、さまざまなリソースからまとめることができる。

グループ作業 （4名程度）

❶ 1人につき持ち時間10分（発表7分、質疑応答3分）で、グループ内でミニ授業を順番に行う。質疑応答では、授業内容に関する質問を一人一つ以上考えて尋ねよう。

❷ **全員の授業が終了したら、ルーブリックに示す4つの観点（AからD）で各授業の評価（あてはまる選択肢の□欄へのチェック）を行い、総評コメントを作成しよう。**

❸ 評価結果や総評コメントについて、グループ内でピアフィードバックを行おう。

ワーク 15　教師をめざす学生のためのプレゼンテーション授業

ルーブリック

授業者の氏名			合計点	
				／16

観点	4	3	2	1
(A) 授業の有用さ ※授業の目的やトピックが、教職をめざす学生にとって"ためになる"ものであったか	□すごくためになる内容で、新たな知識だけでなく、探求したくなる発見や疑問も生まれた。	□ためになる内容で、新たな知識が得られた。	□ためになる内容であったが、教職入門の授業ですでに学んだ内容と変わらない。	□教職とはつながりのない内容だった。
(B) 授業者の考察 ※授業内容に対する授業者の問題意識や考察が示されていたか	□授業者の問題意識や考察は明確に示されており、授業全体を通して一貫してまとめられていた。	□授業者の問題意識や考察は示されていたが、わずかに不明瞭な点や論理的な飛躍があった。	□授業者の問題意識や考察は示されていたが、不鮮明な点や論理的な飛躍が複数あった。	□授業者の問題意識や考察は、示されなかった。
(C) スライド資料 ※文章のレイアウト、図表やイラスト、映像など、理解を促すための視覚的な工夫が効果的になされていたか	□スライド資料は非常にわかりやすく、視覚的な工夫が効果的になされていた。	□スライド資料はわかりやすく整理されているが、わずかに改良点があった。	□スライド資料はややわかりにくく、改善点が複数あった。	□スライド資料は十分に活かされておらず、大幅に改善する必要があった。
(D) 授業の進め方 ※授業者の話し方や身振り、時間配分は適切であったか	□授業の進め方は非常にすばらしかった。	□授業の進め方はよかったが、話し方、身振り、時間配分のいずれかで、わずかに改善点があった。	□授業の進め方はまずまずであり、話し方、身振り、時間配分で、改善点が複数あった。	□授業の進め方は明らかに準備・練習不足であり、大幅に改善する必要があった。

総評コメント（よいと思った具体的な内容・授業改善に向けた助言）

ピアフィードバックの留意点

- 授業でよいと思った具体的な内容を、必ず一つ以上見つけて授業者に伝える。
- 授業のよかった点を先に伝えてから、授業改善に向けた助言を伝える。
- 相手を傷つけるような否定や批判、言い方は絶対にしない。もし授業について悪かった点があった場合は、「○○が全然わからない」ではなく、「○○がわかりやすくなるように、△△をするとよいと思う」のように、建設的な言い方に変換して伝える。

❗ このワークで学べること

このワークは探究学習である。教職をめざす学生が「すごくためになった」と思える学びのテーマを自由に決め、ミニ授業の準備・実施を通してそのテーマの学習を深めていく。学生は教職をめざすにあたり、自分自身がいま感じている思いや解決したい課題を内省して、自分の現在や将来と深く関連したテーマを決めることができる。あわせて、学生同士が小グループで実施するミニ授業を設定することで、学生の動機づけを促すとともに、学習成果を客観的に振り返る機会を確保している。

「すごくためになった」という題目は抽象的に感じるかもしれないが、このワークではあえてテーマ設定の選択肢が広くなるように意図している。それにより、本書（1章から9章）で概説したどの内容とも関連づけたテーマ設定が可能となる。テーマ設定の例を挙げると、「教育原理や思想」、「教師のキャリア発達やライフコース」、「学校教育の現代的課題」、「授業実践」、「日本と海外の教育比較」、「学校ボランティア体験」などがあり、学生たちはバラエティーに富んだテーマで授業を構想する。仲間の興味・関心の詰まった授業を受けることは、大学教員の習慣的な授業を聴くことよりも、彼らの思考や感情にさまざまな刺激を与えるだろう。

最後に、学習管理システムを活用して、ルーブリックの提示と評価、総評コメントの作成とフィードバックをすれば、学生はオンライン上でピアフィードバックの結果を容易に閲覧できる。また、オンラインで記録したピア評価の結果を、学習評価に用いることもできる。学生のピア評価の妥当性や信頼性を高める工夫として、授業者が評価のしかたを実演して説明する機会や、学生がピア評価を練習する機会を事前に設けておくとよいだろう。ルーブリックやピア評価を活用した実践方法を詳しく知りたい読者は、10章でも紹介したBarkley & Major (2015) を参照してほしい。

Barkley, E. F., & Major, C. H. (2015). *Learning assessment techniques: A handbook for college faculty*. San Francisco: John Wiley & Sons.（バークレイ，E. F.・メジャー，C. H. 吉田塁（監訳）(2020). 学習評価ハンドブック――アクティブラーニングを促す50の技法―― 東京大学出版会）

ワーク 16 教職入門を受講する人たちへの手紙

→ 1-10章

課題

以下に示す観点のいずれかを含めて、これから教職入門を受講する学生に向けたアドバイスを手紙に書こう（600～800字）。

手紙作成で参考にする観点

・あなたが最も興味を抱き、重要だと感じた学習内容とその理由
・教職入門におけるあなたの勉強の取り組みで努力した点、または、反省すべき点
・あなたのなかの教職に対する認識、教職適性の判断、進路選択などの変化の過程

このワークで学べること

このワークは、教職入門の最終課題（レポート）を想定したものであり、Nilson (2013)（10章参照）が紹介する「これから受講する人たちに向けての手紙」という授業実践を参考に作成した。学生が作成する手紙には、それぞれの学生が教職入門の学びのなかで行った自己調整のプロセスが反映される。このワークには、教職入門を受講する「今」と「これから」の学生に対して、以下の目的がある。

今の学生には、自己調整学習のスキルを育む目的がある。このワークは宿題として個人で作成・提出できるが、学生同士で議論して作成する時間を授業で設けてもよい。さらに、作成中のドキュメントファイルをオンラインで共有できる環境（Googleドライブなど）があれば、受講者を小グループに分け、仲間が手紙を作成するプロセスをリアルタイムで相互閲覧させるとよい。学生は他の受講者が書く手紙の内容や作成過程を見ることで、自分の手紙作成におけるメタ認知的モニタリングを効果的に活性化できる。さらに、コメント機能を使えば、文章推敲などのピアフィードバックもできる。

これから教職入門を受講する学生は、講義開始時にこれらの手紙の一部を匿名で提示することで、学び方を事前に考えたり、授業への興味を喚起させたりできる。もちろん、手紙の書き手には提示の許諾を事前に得ておく。学生は、手紙のアドバイスを心に留めておくことでよい学習成果が得られるだろう。

Nilson, L. B. (2013). *Creating self-regulated learners: Strategies to strengthen students' self-awareness and learning skills*. Stylus Publishing, LLC.（ニルソン，L. B. 美馬のゆり・伊藤崇達（監訳）(2017). 学生を自己調整学習者に育てる――アクティブラーニングのその先へ―― 北大路書房）

おわりに
——教師への学びを始めたみなさんへ——

[1] 学び続ける「私」　迷い続ける「私」

　みなさんは、これから始まる教職課程や大学の学びについて、どのようなイメージや実感をもっていますか？　教職の学びを始めた今の時点で、教職に就くことを強く志している人もいれば、迷っているという人もいるでしょう。「教職の授業は、コマ数も多くて大変」「教師の仕事は、大変そうで不安」「親から言われて教職の授業を取っているけれど、教職に向いているかわからない」など、迷いや不安を抱えたままという人もいるでしょう。そのような迷いや不安は、誰もが抱えるとても自然な想いです。

[2] ネガティブ・ケイパビリティ　「自分」を生きる

　「ネガティブ・ケイパビリティ」という言葉があります。「ネガティブ・ケイパビリティ」とは、「不確実性や迷い、未知を許容する能力」であり、不確実な状況や答えのない問題に直面した際に、すぐに結論を出そうとせず、その状態を受け入れる力であるとも言われます[*1]。

　みなさんのなかには、不登校を経験した人もいれば、病気やケガの友人を支えた人も、学校のリーダーとして活躍した経験をもつ人もいるでしょう。大学での教職の学びも、卒業後の教職やその他の仕事も、うまくいくときばかりではありません。これまでの成功や失敗も、これからの挫折や喜びも、すべて皆さんの成長の糧であり、そのような経験をしたからこそのあなた自身であり、そのようなあなたが教職に就くこと自体に価値があります。うまく物事を進められる人、常に前向きで効果的な問題解決ができる人だけに価値があるのではありません。葛藤や逡巡、不安や迷いを抱えながら、それでも前に進みゆくあなた自身が、教職課程を終えて教員となったとき、同様の迷いをもつ生徒たちを理解し、言葉をかけ、前に進む力を与えられるのだと考えます。

＊1　帚木蓬生（2017）．ネガティブ・ケイパビリティ　朝日新聞出版

[3] 知識と経験の往還

　これから学ぶ教職課程では、教室での理論的な学びと教育現場等での体験的な学びの両方を経験していきます。理論的な学びでは、子どもの心理や発達、さまざまな教育の制度や学習指導要領などの教育課程、原理としての教育の歴史や思想、さらに ICT の教育活用や特別支援教育、各教科領域の指導法など、教職の専門的内容を学んでいきます。

　また、体験的な学びでは、学校ボランティアや継続的な学校体験活動等の経験を通して、先生方を補助し、学校の日常を観察します。その過程で、大学の授業で学習した内容が、実際に学校のなかで生起する様を目にすることもあるでしょう。3 年から 4 年にかけて行われる教育実習では、初めて「先生」という立場で児童生徒の前に立ち、責任のある役割を果たします。

　教職課程の学生の多くは、教育実習を経て再び大学に戻ると、それまでは、あまり意味を見いだせなかった理論的な学びに対しても、前向きな意欲が出てくるようです。大学での授業を通して、実習での自己の経験を相対化し、その意味世界を概念的・理論的に理解しようとし始めます。知識と経験の往還が本格的に始まるのはこの頃です。

[4] 教職知識の"アップデート"

　2024 年 12 月 25 日に開かれた中央教育審議会では、新しい教育課程に関する諮問が出され、2027 年には新しい学習指導要領が浮かび上がってきます。また、教員の待遇改善については、4％の教員調整手当が毎年 1％を上乗せされ、2030 年までに 10％に引き上げられる方向性であることが示されました。ほかにも、中学校 3 年生までの 35 人学級の実現や教育 DX の推進など、（個々の案件の是非はいったん横に置くとして）教職をめぐる状況は、目まぐるしく変動しています。このことは、皆さんの教職の学びや知識を順次"アップデート"していく必要があることを示しています。大学の授業で学んだ内容を実際の教育現場の実態につなぎ合わせて往還的に考え、多面的にとらえることが重要です。

　本書もいつか、事実的知識としては「古い」記載となることが考えられます。しかし、それらを「古い」と切り捨てるのではなく、変化や改訂をひと連なりの「流れ」として、変化の「過程」ととらえることによって、つながりをもった「文脈」として教育の営みが受け止められるようになるでしょう。

このように「文脈」として教育をとらえるためにも、教職の授業を通して得た知識を、実際の社会の変化や皆さん自身の成長を通して常にアップデートし続けることが大切です。「学び続ける教師」とは、社会の変化や自分自身の成長・経験を形成的にとらえ、自分の個性や長所を生かして、粘り強く自分の人生を歩んでいく人なのかもしれません。

　本書で学んできた「教職入門」は、教職の学びの入口であるとともに、みなさんが教師としての人生を歩む上で最初の"伴走者"となります。
　本書が、みなさんと教職を結び付け、教師としての人生を考えるきっかけになれば幸いです。

2025 年 2 月
久野弘幸

索　引

欧　文

ALACT モデル　55
GIGA スクール構想　76, 115
ICD-11　123
ICT 支援員　47
LGBTQ+　130
NIOSH 職業性ストレスモデル　78, 81
OJT　58
PDCA サイクル　37, 38
PISA　110
PTA　47
SDGs　109
SES　127
VUCA　108
WHO　123

あ　行

アイデンティティ　64
アクティブラーニング　76
アンケート調査　133
生き方への自信　64
生きる力　108
育休取得率　69
育児休暇　27
育児休業　27
育児参加休暇　27
いじめ　131
　――の認知　132
　――防止対策推進法　131
一次予防　83
一種免許状　8
一斉教授　99
異動　80
井上毅　102
インクルーシブ教育　135
印刷技術　95
インターネット　122
ウェルビーイング　72
うつ病　83
エキスパート　53
エリクソン（E. H. Erikson）　64

援助的指導　56
及川平治　104
往来物　98
御雇教師　99

か　行

介護休暇　27
外国語教育　76
外国人児童生徒支援員　47
外国籍の子ども　130
介護等体験　11
会読　98
外発的動機づけ　144
科学的リテラシー　111
核家族世帯　126
学習管理システム　150
学習指導要領　5, 37, 76, 108, 118
　――の改訂　15, 80
学習日誌　147
学習のモデル　118
学習プロトコル　146, 147
学習方略　144, 146
学制　99
学年主任　42, 43
学問のすすめ　99
掛図　99
課題の設定　115
課題分析　143
学校インターンシップ　11
学校運営　36
　――協議会制度　43
学校管理職　9
学校教育　4
　――法　4
学校支援ボランティア活動　11
学校制度　20
学校知　53
学校評議員　44
学校部活動の地域移行　46
学校令　101
家庭教育　4, 126

カリキュラム　37
　――・グランドデザイン　37
　――・マネジメント　36
関係性　145
緩衝要因　82
感情労働　76
関心・意欲・態度　110
管理職　39
　――選考試験　9
木下竹次　105
ギフテッド　131
義務教育　5, 101
　――学校　4
　――等教員特別手当　25
　――の段階における普通教育に相当する教育の機会の確保等に関する法律　133
　――費国庫負担法　23
キャリア形成　68
キャリア発達　67
休業日　26
休日勤務手当　24
休日のまとめ取り　26
急性反応　83
給特法　24, 30
教育委員会　12, 23
教育課程　37
教育観　11, 64
教育環境　126
教育機会確保法　133
教育基本法　4, 20
教育行政組織　20
教育公務員　21
　――特例法　21
教育財政　20
教育支援センター　133
教育実習　9
教育職員　20
　――免許法　8, 21
　――免許法施行規則　9
教育職給料表　24

教育勅語　102
教育の中立性　5
教育令　101
教員勤務実態調査　82
教員研修　57
教員採用候補者選考試験（検査）　12
教員採用候補者名簿　12
教員採用試験　12
教員登録制度　14
教員の働き方改革　27, 68
教師（教職）アイデンティティ　64
教師像　17, 64
教師としての自負　64
教職課程コアカリキュラム　9
教職実践演習　11
教職修士　61
教職大学院　60
教職調整額　24, 30
教職のブラック化　27
教頭　39, 40
協働学習　146, 147
教務主任　42, 43
勤務時間　25
クエスチョニング　130
クラウド上　117
ゲイ　130
ゲーム障害　123
原因帰属　143
研究授業　10
言語的近代　103
研修主事　43
行為のなかの省察　54
合科学習　105
公教育　5
講師登録　12
高速大容量の通信ネットワーク　116
校長　39
高等学校　4
高等専門学校　4
行動的反応　83, 86
校内研修　57
校務　39
　——分掌　39, 41
公務員　21

公立の義務教育諸学校等の教育職員の給与等に関する特別措置法　24
公立の小学校等の校長及び教員としての資質の向上に関する指標の策定に関する指針　52
国学　96
国語科　103
国際疾病分類（ICD-11）　123
国民　4, 99
　——皆学　99
個人情報　32
個人的達成感の低下　77
国家公務員　21
子どもの貧困　128
個別最適・協働的な学び　116
コミュニティ・スクール　43
コンテンツベース　108
コンピテンシーベース　108
コンプライアンス　31

さ　行

査定授業　10
三次予防　83
ジェンダーギャップ　69
私学教員適性検査　14
自我同一性　64
時間外勤務　24, 30
　——手当　24
施行規則　20
思考スキル　118
思考力、判断力、表現力等　110
施行令　20
自己観察　143
自己決定性　144
自己コントロール　143
自己調整学習　110, 142
自己判断　143
自己反応　143
資質・能力　110, 114, 117
私塾　95, 98
持続可能な開発目標（SDGs）　109
市町村立学校職員給与負担法　23

実行可能性　87
実践知　53
質の高い教師の確保特別部会　30
実務家教員　60
指導改善研修　59
指導教諭　39, 41
自動思考　87
師範学校　99
　——令　101
自閉症スペクトラム障害（ASD）　129
事務主任・事務長　43
社会経済的地位　127
社会貢献　64
社会体験研修　61
社会的に共有された学習の調整　148
社会復帰　84
社内教育　4
十全的参加　54
周辺的参加　54
主幹教諭　41
授業検討会　58
授業者のフィードバック　147
熟達化　53
熟達者　53
朱子学　96
主体的・対話的で深い学び　94, 105, 142
主体的に学習に取り組む態度　110
出勤時刻　25
出向　80
出産休暇　27
出産支援休暇　27
主任・主事　42
主任手当　42
障害者の権利に関する条約　135
小学校　4
　——令　101
商業出版　95
常勤講師　12
情緒中心対処　84, 85
情緒的消耗　77

情報活用能力　118
情報の収集　115
省令　20
助教諭任用　8
職員会議　42
職業アイデンティティ　64
職場におけるメンタルヘルス対策　88
職務上の義務　22
女性管理職　69
初任者　65
　──研修　58
自律学習　113
自律性　144, 145
辞令　23
新教育　104
人工知能（AI）　122
人材確保法　21
尋常小学校　104
身体活動　124
身体の性別　130
新任教師　65
信念　15
信用失墜行為　22
心理的反応　83, 86
進路指導主事　42, 43
推奨睡眠時間　125
睡眠　124
遂行　143
数学的リテラシー　111
スクールガード・リーダー　47
スクールカウンセラー　46, 134
スクールソーシャルワーカー　46
スクールハラスメント　33
スクールリーダー　60
ストレス　6, 77
　──・コーピング　84
　──反応　78, 84
ストレッサー　78, 84
　──に対する対処　84
ストレングススポッティング　71
スマートフォン　109, 122
省察　55
性自認　130
生成 AI　108
性的指向　130

性的マイノリティ　130
正統的周辺参加　53, 54
生徒指導主事　42, 43
西洋知　99
生理休暇　27
生理的反応　83, 86
整理・分析　114
政令　20
世界保健機関（WHO）　123
セクシュアルハラスメント　33
セクハラ　33
絶対的貧困　127
セルフケア　83, 84
選考倍率　13
全国学力・学習状況調査　127
全国国立大学附属学校連盟　15
専修免許状　8, 60
早期対応　84
早期発見　84
総合的な学習（探究）の時間　114
相対的貧困　127
総力戦時代　104
ソーシャル・サポート　82

た　行

大学院修学休業制度　60
大学院等派遣研修　60
大学　4
退勤時刻　25
対人援助職　76
対人関係　80, 82
大日本帝国憲法　102
体罰　31
脱人格化　77
多様性　6, 135
探究的な学習　114
男女共同参画　68
地域学校協働活動　45
　──推進員　45
地域学校協働本部　45
チームとしての学校　45
知識及び技能　110
地方教育行政法　21, 23

地方公務員　21
　──法　21, 22, 23
チャット　117
中央教育審議会　7
中核的中堅教員　60
中学校　4
　──令　101
中堅教諭等資質向上研修　59
中等教育学校　4
懲戒　31
長期社会体験研修　61
長期派遣研修　80
超勤4項目　31
強み　71
　──を活かす実践　71
手当　24, 25
庭訓往来　98
帝国大学令　101
適応指導教室　133
適応的な熟達者　53
テキスト　95
手際のよい熟達者　53
手習塾　96
デューイ（J. Dewey）　105
寺子屋（手習塾）　95, 96
同一視的な調整　144
動機づけ　143, 144
　──調整方略　146
統合的な調整　144
道徳教育　135
同僚性　56
特別支援学校　4
特別免許状　7
読解力　111
都道府県私学協会　14
トランスジェンダー　130

な　行

内省　142
内発の動機づけ　144
二種免許状　8
二次予防　83
日本国憲法　4, 20
日本語指導　130
認知再構成法　87
認知的方略　146

任命権　23
　──者　23
ネット依存　123
ネット配信者　123
年次有給休暇　26

は 行

バーンアウト　72, 77
バイセクシュアル　130
配置転換　80
働き手　101
発達障害　129
林羅山　96
ハラスメントの防止　33
パワーハラスメント　33
パワハラ　33
藩校　95, 96
反省的教師　55
反省的実践家　54
ピアフィードバック　148
非行　133
非常勤講師　12
非動機づけ　145
1人1台端末　116
避難所　79
病気休暇　27
不確実性　6
部活動　46
　──指導員　46
副校長　39, 40
福沢諭吉　99
復職支援プログラム　84
複線性　6
普通教育　5
普通免許状　7
不登校　133

ブラック労働　6
プランニング方略　146
フリースクール　133
振替休日　26
ブレイン・ストーミング　86
プログラミング教育　76
分団式動的教育法　104
文明開化　99
変形労働時間制　26
法令遵守　31
保健安全等　20
保健主事　42, 43

ま 行

まとめ・表現　115
学び手　94, 101
学びに向かう力・人間性等
　110
「学び」の場　95
学びのモデル　114
ミドルリーダー　39, 41
ミニッツペーパー　147
身分上の義務　22
未来応援国民運動　128
無境界性　6
メタ認知　145
　──的活動　145
　──的知識　145
　──的方略　146
メランコリー親和型性格　82
メンター　58
メンタルヘルスケア　88
燃え尽き　72
　──症候群　77
元田永孚　102
モニタリング方略　146

森有礼　101
問題解決法　86
問題中心対処　84
問答法　99

や 行

有効性　87
有能感　145
養護教諭　8, 13, 134
幼稚園　4
養老館　96
予見　143
読み・書き・計算　96

ら 行

ライフコース　68
リアリティ・ショック　65
リカレント教育　4
　──プログラム　61
履修カルテ　11
リフレクション　55
履歴書登録　14
理論と実践の往還　61
リワークプログラム　84
林家塾　96
臨時免許状　7, 8
ルーブリック　149
令和の日本型学校教育　52,
　94, 116
レズビアン　130
労働基準法　25
ロコモティブシンドローム　124

わ 行

ワークライフバランス　68
　──の崩壊　6

付録 教育関連法規リンク集
（E-GOV 法令検索の URL）

日本国憲法	https://laws.e-gov.go.jp/law/321CONSTITUTION
教育基本法	https://laws.e-gov.go.jp/law/418AC0000000120
学校教育法	https://laws.e-gov.go.jp/law/322AC0000000026
学校教育法施行規則	https://laws.e-gov.go.jp/law/322M40000080011
教育公務員特例法	https://laws.e-gov.go.jp/law/324AC0000000001
教育職員免許法	https://laws.e-gov.go.jp/law/324AC0000000147
教育職員免許法施行規則	https://laws.e-gov.go.jp/law/329M50000080026
地方教育行政の組織及び運営に関する法律（地方教育行政法）	https://laws.e-gov.go.jp/law/331AC0000000162
義務教育費国庫負担法	https://laws.e-gov.go.jp/law/327AC1000000303
市町村立学校職員給与負担法	https://laws.e-gov.go.jp/law/323AC0000000135
公立の義務教育諸学校等の教育職員の給与等に関する特別措置法（給特法）	https://laws.e-gov.go.jp/law/346AC0000000077

	地方公務員法 https://laws.e-gov.go.jp/law/325AC0000000261	
	地方公務員の育児休業等に関する法律 https://laws.e-gov.go.jp/law/403AC0000000110	
	労働基準法 https://laws.e-gov.go.jp/law/322AC0000000049	
	社会教育法 https://laws.e-gov.go.jp/law/324AC0000000207	
	義務教育の段階における普通教育に相当する 教育の機会の確保等に関する法律（教育機会確保法） https://laws.e-gov.go.jp/law/428AC1000000105	
	いじめ防止対策推進法 https://laws.e-gov.go.jp/law/425AC1000000071	
	こども基本法 https://laws.e-gov.go.jp/law/504AC1000000077	
	こどもの貧困の解消に向けた対策の推進に関する法律 https://laws.e-gov.go.jp/law/425AC1000000064	
	学校教育の情報化の推進に関する法律 https://laws.e-gov.go.jp/law/501AC1000000047	
	児童の権利に関する条約（子どもの権利条約） https://www.mofa.go.jp/mofaj/gaiko/jido/zenbun.html （外務省ウェブサイト）	

執筆者紹介
(執筆順)

小川 翔大　　中京大学 教養教育研究院 准教授
　　　　　　　　　　編者・はじめに・1章・10章、ワーク1・14・15・16

久野 弘幸　　中京大学 教養教育研究院 教授
　　　　　　　　　　編者・2章・おわりに、ワーク2・3

千田 沙也加　中京大学 教養教育研究院 講師　　　　3章、ワーク4

大島 みずき　群馬大学 教職リーダー専攻 准教授　　4章、ワーク5・6

高橋 誠　　　神奈川大学 人間科学部 准教授　　　　5章、ワーク7

村中 昌紀　　埼玉工業大学 人間社会学部 准教授　　6章、ワーク8・9

山下 大喜　　山口大学 教育学部 講師　　　　　　　7章、ワーク10

泰山 裕　　　中京大学 教養教育研究院 教授　　　　8章、ワーク11・12

石井 僚　　　奈良教育大学 学校教育講座 准教授　　9章、ワーク13

■編者

小川 翔大（おがわ しょうた）
中京大学教養教育研究院 准教授　博士（教育学）
専門は発達心理学・教育心理学
著書に『教育職・心理職のための発達心理学』（ナカニシヤ出版、共編著、2021 年）、『幼児教育・保育総論――豊かにたくましく生きる力を育むために』（学文社、分担執筆、2020 年）など

久野 弘幸（くの ひろゆき）
中京大学教養教育研究院 教授　博士（教育学）
専門は教育方法学・カリキュラム学
著書・論文に『実践・小学校生活科指導法』（学文社、分担執筆、2024 年）、「探究学習とキャリア教育・進路指導の一体的な充実に向けて」（『月刊高校教育』2023 年 10 月号）など

キャリアを支える教職入門
ワークで探るこれからの教師と学校

2025 年 3 月 15 日　初版第 1 刷発行　（定価はカヴァーに表示してあります）

　　編著者　小川翔大・久野弘幸
　　発行者　中西　良
　　発行所　株式会社ナカニシヤ出版
　　〠 606-8161　京都市左京区一乗寺木ノ本町 15 番地
　　　　　　Telephone 075-723-0111
　　　　　　Facsimile 075-723-0095
　　　　　Website https://www.nakanishiya.co.jp/
　　　　　Email iihon-ippai@nakanishiya.co.jp
　　　　　　郵便振替　01030-0-13128

装幀・章扉イラスト＝鈴木素美／印刷・製本＝ファインワークス（株）
Printed in Japan.
Copyright © 2025 by S. Ogawa & H. Kuno
ISBN978-4-7795-1836-2

本書のコピー，スキャン，デジタル化等の無断複製は著作権法上での例外を除き禁じられています。本書を代行業者等の第三者に依頼してスキャンやデジタル化することはたとえ個人や家庭内の利用であっても著作権法上認められておりません。